列车智能优化控制技术

刘鸿恩　杨　杰　胡海林　著

北　京

冶金工业出版社

2023

内 容 提 要

本书围绕客货运输列车自主运行的智能控制技术需求，针对高速列车、重载列车和磁浮列车的运行速度、动力分布、控制力约束等系统特征，研究了高速列车动力学特征建模、运行速度鲁棒跟踪控制和多目标协同优化控制理论与方法；提出了重载列车动力学建模和车钩力在线预测方法、目标速度曲线优化设定与平稳跟踪控制技术；研究了磁浮列车运行速度精准控制和制动优化控制方法。

本书可供从事轨道交通智能驾驶系统、智慧交通系统研究开发的工程技术人员参考使用，也可作为高等院校自动化、轨道交通信号控制、智能科学技术相关专业师生的教学参考书。

图书在版编目（CIP）数据

列车智能优化控制技术/刘鸿恩，杨杰，胡海林著 . —北京：冶金工业出版社，2023. 11
ISBN 978-7-5024-9689-0

Ⅰ. ①列… Ⅱ. ①刘… ②杨… ③胡… Ⅲ. ①列车—智能控制—控制系统 Ⅳ. ①U284. 48

中国国家版本馆 CIP 数据核字（2023）第 233112 号

列车智能优化控制技术

出版发行	冶金工业出版社	**电　话**	（010）64027926
地　址	北京市东城区嵩祝院北巷 39 号	**邮　编**	100009
网　址	www. mip1953. com	**电子信箱**	service@ mip1953. com

责任编辑　张熙莹　美术编辑　彭子赫　版式设计　郑小利
责任校对　范天娇　责任印制　窦　唯
北京印刷集团有限责任公司印刷
2023 年 11 月第 1 版，2023 年 11 月第 1 次印刷
710mm×1000mm　1/16；10.25 印张；195 千字；149 页
定价 **69.00** 元

投稿电话　**（010）64027932**　投稿信箱　**tougao@cnmip. com. cn**
营销中心电话　**（010）64044283**
冶金工业出版社天猫旗舰店　**yjgycbs. tmall. com**
（本书如有印装质量问题，本社营销中心负责退换）

前　　言

　　轨道交通系统是国家战略基础设施、国民经济发展的重要支柱和人们日常生活的重要公共交通工具，对保障国家战略的有效实施、促进区域经济协同发展、为人们提供便捷舒适的出行方式起到了不可替代的重要作用。随着时代的发展，如今的轨道交通系统的发展以高速、重载、高效、安全为特征，在我国铁路跨越式发展策略中，高铁、重载和磁浮是轨道交通客货运输系统的发展方向。因此，针对高速列车、重载列车和磁浮列车的列车智能优化控制技术开展更深入的研究，可为我国构建安全、绿色、智慧的立体化现代化城市交通系统提供列车运控技术支撑，具有巨大的应用前景和经济价值。

　　随着我国高速铁路发车频率、运行速度的大幅度提升，高速铁路网中多列车高速、高密度的追踪运行已成为高速铁路运营管理、高速列车运行控制面临的新常态。列车运行安全始终是轨道交通系统运营管理的首要目标，高速铁路运输能力的提高、服务品质的提升等任何发展目标的实现，都是以保障高速列车行车安全为前提条件。列控系统是保障列车运行安全的核心设备之一，更是研发智能化高速铁路的关键技术装备，但现有列车运行控制方式难以保障高速列车智能驾驶的追踪运行过程满足安全高效、节能舒适等多目标运行要求。因此，设计适应高速列车高速、高密度追踪运行特征的追踪特性建模方法和多目标运行优化控制策略，升级列控系统，保障列车行车安全，是高速列车智能优化控制技术的研究重点。

　　重载列车作为一个运行在复杂多变路况与环境中的大惯性、动态非线性系统，在运行过程中的特点包括车钩容易受损断钩，长大下坡循环空气制动控制难度大、容易超速，列车纵向冲动力变化频繁等，极大地增加了驾驶难度。因此，培养一名合格的重载列车司机需要经历一个漫长、高成本的过程，导致当前我国重载列车司机数量紧缺。此外，随着近年来重载列车开行密度增大、单列载重增加、列车车身变长，依靠传统的人工驾驶方法难以满足重载列车的多目标运行要求，开发重载列车智能控制系统是重载铁路发展的必然趋势。以上问题已成为保障重载列车运行安全、提高重载运输服务质量的瓶颈，是重载铁路可持续发展亟待解决的科学难题。

磁浮轨道交通是我国构建绿色智慧城市交通网络的重要组成。磁浮列车利用磁力抵消地球引力使车体脱离轨道而悬浮，并利用直线电机进行推进，具有安全低碳、静音舒适、无机械磨损等特点。然而，与传统轮轨列车相比，磁浮列车的系统构成、运行线路条件等方面有所不同，且磁浮运控系统具有很强的自动控制和防护特性，使得现有轨列车的优化控制研究成果无法直接应用于磁浮列车控制。磁浮列车运行控制是集安全、平稳、精确停车等多目标融合的优化控制问题，也是一类离散不确定性条件下的复杂问题。探明复杂运行环境变化对磁浮列车液压制动性能的作用机制，研究探索磁浮列车特性参数自学习策略和多目标协同优化控制理论，是亟待解决的科学难题。

本书共9章。第1章分析了以高速列车、重载列车和磁浮列车为典型代表的列车智能优化控制技术的国内外研究现状和发展趋势，探讨了高速列车动力学建模、多列车追踪特性建模、多列车协同优化控制方法，重载列车智能控制技术及磁浮列车精准调速和停车制动控制的基础理论、关键方法和应用。第2章提出采用改进型递归神经网络的高速列车动力学建模方法，给出模型参数优化设定策略及鲁棒性分析。第3章研究了高速列车鲁棒速度跟踪控制技术，基于预测控制理论框架提出预测模型时间尺度、权值矩阵收缩因子优化设定方法，有效提升速度跟踪控制的精度和鲁棒性。第4章研究了多列车追踪运行特性建模方法，给出以线路区间整体安全高效、节能舒适为预测控制滚动优化多目标评价指标的多列车追踪运行协同优化控制方法。第5章针对重载列车载重大、车身长、纵向动力学复杂等特点，研究了重载列车多质点纵向动力学建模方法，分析了车钩特性并提出车钩力在线预测方法。第6章分析了重载列车运行优化控制目标和运行控制约束，提出了重载列车多目标运行曲线离线生成与在线优化设定策略。第7章分析了重载列车内部纵向冲动频发容易引发车钩受损等行车事故的问题，为满足重载列车智能驾驶对控制算法响应效率和控制平稳性的要求，提出带区间调节的重载列车控制力自适应设定方法。第8章分析了磁浮列车在复杂干扰下的精确平稳速度跟踪控制问题，提出磁浮列车动力学建模方法和基于BP神经网络的自抗扰速度控制方法，以实现速度跟踪过程中控制器参数的自适应调整。第9章介绍了磁浮列车电-液混合制动的非线性特性，提出一种基于混合制动特征自学习的磁浮列车强化学习制动控制方法，以提升磁浮列车的停车精度和舒适性。

本书由江西理工大学资助出版。本书的研究工作得到了华东交通大学杨辉教授、李中奇教授的帮助与支持，在此表示衷心的感谢。同时感谢国家自然科学基金（批准号62063009）、江西省主要学科学术和技术带头人培养计划（批准号20213BCJ22002）和江西省自然科学基金（批准号20224BAB202025）对本书研究工作的资助。

由于作者水平所限，书中不足之处敬请广大读者批评指正。

刘鸿恩

2023 年 8 月于江西赣州

目　　录

1　绪　　论

我国地域辽阔、人口众多，轨道交通系统承担了旅客周转、货物流通的大部分运输需求，是国家经济发展的大动脉，对保障国家战略的有效实施、促进区域经济协同发展起到了不可替代的重要作用。随着时代的发展，如今的轨道交通系统的发展以高速、重载、高效、安全为特征，在我国铁路跨越式发展策略中，高速和重载是轨道交通客货运输系统的发展方向。因此开展以高速列车和重载列车为主要研究对象的列车智能优化控制技术研究，可为我国构建安全、智能、绿色、立体的现代化客货运输网络提供自动化、无人化运控技术支撑，具有巨大的应用前景和经济价值。

1.1　高速列车智能优化控制技术

高速铁路作为轨道交通现代化的重要标志，其建设规模和发展水平正在成为国家竞争和外交的重要组成部分。世界铁路联盟发布的数据表明，截至 2022 年 9 月，全球已投入运营的高速铁路里程达到 5.88 万千米，建设里程规模（含在建里程）已超过 7.2 万千米，建设和规划总里程已超过 13 万千米[1]。我国的高速铁路也在过去的十余年间取得了举世瞩目的发展成就，截至 2022 年底，我国高速铁路运营里程已达到 4.2 万千米，已建成"四纵四横"主骨架高速铁路网，运营里程和运行速度都居于世界各国高速铁路之首。但我国高速铁路在取得巨大发展成就、迎来新的发展机遇的同时，也存在一些亟待解决的问题。

随着我国高速铁路发车频率、运行速度的大幅度提升，高速铁路网中多列车高速、高密度的追踪运行已成为高速铁路运营管理、高速列车运行控制面临的新常态。列车运行安全始终是轨道交通系统运营管理的首要目标，高速铁路运输能力的提高、服务品质的提升等任何发展目标的实现，都是以保障高速列车行车安全为前提条件[2]。列控系统是保障列车运行安全的核心设备之一，更是研发智能化高速铁路的关键技术装备[3]，但现有列车运行控制方式难以保障高速列车智能驾驶的追踪运行过程满足安全高效、节能舒适等多目标运行要求。因此，设计适应高速列车高速、高密度追踪运行特征的追踪特性建模方法和多目标运行优化控制策略，是高速列车智能驾驶运行控制领域的热点研究问题之一。

1.1.1 国内外研究现状与发展

1.1.1.1 列车动力学建模

列车动力学建模是对列车运行过程中涉及的力学、力和能量转换等物理过程进行数学建模和分析的过程，一直是列车运行控制研究领域的热点研究内容[4]。高速列车动力学模型是研究新一代高速铁路智能化列控系统的基础元素，有效可靠的动力学模型是确保智能驾驶列控系统安全有效关键要素之一，常见的列车动力学建模方法有机理分析建模和数据驱动建模。

A 机理分析建模

机理分析建模是一种通过对系统内部原因的分析研究，从而找出其发展变化规律的科学研究方法，在 21 世纪初期，国外学者就此建模方法展开了针对列车动力学建模的研究。Schmidt 等人在 1910 年建立了列车空气阻力模型，以描述列车运行过程空气动力学与速度的关系[5]。Davis 在 1926 年基于列车运行阻力的数学分析，建立了 Davis 列车运行阻力计算模型，并被后续研究人员广泛采用[6]。Hay 在 1982 年基于列车运行受力分析和仿真实验建立了列车阻力计算模型，该模型充分考虑了列车运行过程中的空气阻力和附加阻力（隧道、弯道、坡道阻力）对列车运行状态的影响[7]。Golovitcher 在 1986 年根据列车运行线路坡道参数的变化特性，基于 Hay 给出的列车阻力计算模型，建立了基于连续列车控制力的列车变坡阻力计算模型[8]。

Howlett 等人提出对速度限制的分段常坡阻力建模方法，基于 Golovitcher 建立的变坡阻力模型，设计了货运列车面向节能的列控系统[9]。Cheng 和 Howlett 等人在 1992 年通过列车动力学分析建立了列车机械能计算模型，并以准点约束下的节能运行为目标，进行列车最优驾驶操作模式的实时选择，得到列车运行过程最优驾驶策略[10]。Khmelnitsky 在 2000 年建立了列车动力学微分方程模型，并基于该模型设计了比较完备的操纵策略优化策略[11]。随后，Goodall 等人提出了列车整车动力学建模策略，并针对多节车厢建立了 84 个动力学微分方程，以完整描述列车运行过程的整车动力学特性[12]。程海涛等人在 1998 年建立了货物列车纵向动力学模型，并给出模型快速求解方法，以描述列车运行过程中车体内部的纵向动力学特性[13]。王英学等人在 2004 年研究了列车在高速进出隧道过程中的空气动力学特性，通过仿真实验分析建立了相应的动力学模型进行空气动力学计算[14]。

杨辉等人采用减法聚类策略建立高速列车多模型集合，并使用递推最小二乘法给出各个模型集合的线性模型，以描述高速列车运行过程的非线性特性，同时设计了多模型广义预测控制器求解模型[15]。为了更加准确地描述列车内部的相互作用力关系，多质点建模方法逐渐被研究人员用于描述动车组多车体的物理模型。宋琦等人从列车运行受力的物理规律出发，充分考虑了列车运行过程中各种阻力（如空气阻力、机械阻力和附加阻力）对列车运行控制的影响，建立了计算较为简单的列车多质点模型，以实现对列车的鲁棒自适应控制[16]。Yang 等人基于对列车内部车厢连接弹簧的非线性因数的深入研究，建立了列车线性化状态空间模型，从而简化了列车多质点动力学模型的计算复杂度，但这种简化却忽略了对动车组非线性特征充分考虑，导致建模精度受到较大程度的影响[17]。Song等人针对高速列车运行过程中非线性力学特性极其复杂的问题，综合考虑了列车内部受力（各车厢之间的车钩力）和外部受力（基本阻力、附件阻力和机械阻力）对列车运行状态的影响，建立了模型精度较好的多质点动力学模型[18]。

杨罡等人采用牛顿力学分析方法建立了高速列车非线性动力学模型，并根据高速列车不同速度等级下的轮轨摩擦、线路坡度、风阻等因素对模型的影响，给出一种模型系数在线更新策略[19]。衷路生与颜争等人提出结合子空间辨识和反馈校正策略的高速列车增量式子空间预报建模方法，建立具有时变遗忘因子的高速列车自适应模型，以描述高速列车运行过程的动力学特性[20]。衷路生与李兵等人针对高速列车运行过程中的噪声非高斯性、动力学非线性和状态不完全可测的特点，建立高速列车动力学随机非线性状态空间模型，并采用极大似然辨识算法进行模型参数辨识[21]。刘建强等人采用微分方程描述高速列车的运动特性，并根据高速列车的控制力（牵引、制动）特性曲线，给出了一种高速列车节能运行控制策略[22]。李中奇等人采用牛顿定理分析方法建立高速列车纵向动力学模型，并给出高速列车双自适应广义预测控制方法进行列车速度自动控制[23]。

高速列车机理建模是传统意义上常用的建模方法，具有结构简单、模型求解效率较高的特点，是研究列车优化控制等问题的重要模型之一。但一般是采用物理特性分析和推导的方式进行的，建模参数的确定往往依赖于人工经验，且很少考虑根据列车运行环境的改变进行调整，模型的准确性难以保证。高速列车的运行过程具有复杂的动态非线性特性，采用机理建模方法则难以有效可靠地描述列车高速运行过程中的复杂非线性动力学特性。

B 数据驱动建模

数据驱动建模是通过移动互联网或者其他的相关软件为手段采集海量的数据，将数据进行组织形成信息，之后对相关的信息进行整合和提炼，在数据的基础上经过训练和拟合形成自动化模型的建模方法。

针对上述机理建模方法的问题，研究人员利用数据驱动建模方法开展了大量研究，以改进列车动力学建模精度和鲁棒性。杨辉与付雅婷等人针对高速机理分析动力学模型的参数不确定性问题，采用基于数据驱动的自适应模糊神经推理系统（adaptive network-based fuzzy inference system，ANFIS）建模方法，建立高速列车运行过程动力学 ANFIS 模型，并以此设计广义预测控制器实现高速列车对目标速度的平稳精确跟踪[24]。

杨辉与张芳等人采用减法聚类和模式分类算法进行高速列车多智能体建模，但该建模策略未考虑多智能体之间的耦合关系，因此建模精度有待进一步改善[25]。杨辉与张芳等人提出了一种高速列车运行过程自适应最小二乘支持向量机（least squares support vector machine，LSSVM）建模方法，基于高速列车运行数据和控制力特性数据建立高速列车的 LSSVM 模型，同时给出模型参数迭代算法改进模型鲁棒性[26]。杨辉与张坤鹏等人针对高速列车数据驱动建模方法对列车运行数据质量和数量要求比较苛刻的问题，建立了高速列车 T-S 模糊双线性模型，以提升高速列车数据驱动建模的精度和可行性[27]。李中奇等人提出了基于数据驱动的多模型切换建模方法，但该方法在高速列车运行速度较高的状态下，缺乏有效的多模型平稳切换策略[28]。

Ke 等人分析了高速列车动力学系统的结构特点，并提出采用数据驱动子空间预报的建模策略，建立的列车状态空间模型能够较准确地描述高速列车的动力学特性[29]。Song 等人针对高速列车机理建模的不足，建立基于数据驱动的径向基函数（radial basis function，RBF）神经网络高速列车动力学模型，并设计了自适应容错控制器以改进高速列车控制系统性能[30]。Yang 等人建立了基于数据驱动的高速列车动力学特性多质点 ANFIS 模型，以改善基于机理分析多质点建模方法难以准确可靠地描述高速列车多质点动力学特性的问题[31]。数据驱动建模方法被广泛应用于解决列车非线性建模问题，并取得了较好的建模效果。但是，这些建模方法对所建立模型的求解效率关注却较少，往往不能很好地满足高速列车在高速、高密度追踪运行场景下的系统实时性要求。

1.1.1.2 基于回声状态神经网络的建模方法

A 神经网络分类及分析

神经网络凭借其出色的非线性系统输出逼近能力，已被广泛应用于数据驱动建模研究[32-33]。在非线性系统建模中，常用的神经网络主要分为前馈神经网络和递归神经网络等，两种神经网络的分析对比如下。

（1）前馈神经网络，是一种最简单的神经网络，各神经元分层排列，每个神经元只与前一层的神经元相连。接收前一层的输出，并输出给下一层，各层间没有反馈。它是应用最广泛、发展最迅速的人工神经网络之一，主要用于非时间相关的非线性系统的数据驱动建模，常见的有 BP（back propagation）神经网络和径向基函数（RBF）神经网络。

（2）递归神经网络，是具有树状阶层结构且网络节点按其连接顺序对输入信息进行递归的人工神经网络，是深度学习算法之一，常见的有回声状态神经网络（echo state networks，ESNs）和循环神经网络（recurrent neural networks，RNNs）。

　　两种神经网络的主要特性归纳见表 1-1[34-35]。递归神经网络相比于前馈网络最大的优势是内部的回馈连接，使得网络具有记忆功能，因此在非线性时间序列建模问题中展现出明显优势[36]，综合分析后递归神经网络更加适合于开展非线性条件下的高速列车智能优化控制研究。

表 1-1　神经网络特性比较

特性	前馈神经网络		递归神经网络	
	BP	RBF	RNNs	ESNs
结构	层间前馈连接，无层内连接		层间递归连接，有层内连接	层间前馈，储存池内任意连接
功能	在紧致域内逼近一个光滑、连续函数		在时域上展开为具有多个隐含层的前馈网络，具有记忆功能	固定的 RNNs 动态特性和线性输出映射
优势	任意精度逼近非时间相关的复杂非线性函数		基于记忆功能处理时间相关的数据建模和预测	适用于高效的时间序列预测
训练	输入均值 L 与权重均值 W 的乘积构成评价函数	L 与 W 的欧式距离平方和构成评价函数	权值变化在时间上的传播需要在更新规则中体现，同时训练前馈和递归连接权值	输入、储存池内连接权为定值，仅训练输出权值

B　回声状态神经网络（ESNs）

　　递归神经网络作为一种动态神经网络，因为其训练算法太过于复杂、计算量大、训练网络需要大量时间，所以也存在一定问题。Jaeger 等人于 2001 年提出回声状态神经网络（ESNs），来进一步改善递归神经网络相应的问题。

　　ESNs 作为一种采用新型网络结构的递归神经网络，其在处理非线性时间序列预测和建模问题中的巨大潜力已在文献中得到广泛研究[37]。但如何设定 ESNs 的拓扑结构和模型参数，以保证其回声状态特性的同时，更好地发挥其建模能力仍然是一个研究热点和难点。

a　组成

　　ESNs 的标准结构包含三层：一个包含 k 个神经元的输入层，一个包含 n 个神经元的输出层，一个具有 L 个神经元节点的储存池。其内部的储存池是一个由许多随机配置、稀疏连接的神经元构成的，而不是传统的分层结构的神经元[38]，其中储存池的各个参数决定着 ESNs 的最终性能，如图 1-1 所示。

　　结合图 1-1，给出 ESNs 内部神经元激活状态 X 和网络输出 Y 的更新方式如下：

$$X(t+1) = f(W_{\text{in}}^{\text{T}} U(t+1) + WX(t) + W_{\text{back}} Y(t) + B) \tag{1-1}$$

$$Y(t+1) = g(W_{\text{out}}^{\text{T}} X(t+1)) \tag{1-2}$$

其中　　　　　　　$U = [u_1, u_2, \cdots, u_k]^{\mathrm{T}}$; $X = [x_1, x_2, \cdots, x_L]^{\mathrm{T}}$

　　　　　　　　　　$B = [b_1, b_2, \cdots, b_L]^{\mathrm{T}}$; $Y = [y_1, y_2, \cdots, y_n]^{\mathrm{T}}$

式中，U、X、B、Y 分别为外部输入、内部神经元状态、偏置值和网络输出向量；W_{in} 为 $k \times L$ 的输入权值矩阵；W 为 $L \times L$ 的内部神经元连接权值矩阵；W_{out} 为 $L \times n$ 的输出连接权值矩阵；W_{back} 为 $n \times L$ 的输出反馈连接权值矩阵；f 为内部激活函数，通常选用 sigmoid 函数；g 通常选用辨识函数或者与 f 一致。

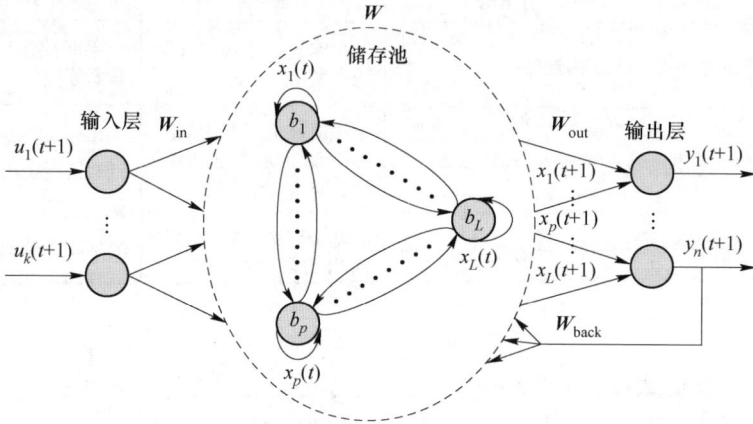

图 1-1　ESNs 的结构

　　储存池是储存池计算（resevior computing，RC）网络（如 ESNs）的核心部分，这类网络使用一个激活系统的高维动态转换来处理时域信号，并将这些信号通过线性输出层逼近目标输出[39]。RC 技术是 ESNs 在应用方面具有非线性时间序列预测能力的基础，RC 可以在任何能够为信息处理提供足够系统动态数据的物理系统中实现[40]。近年来，关于 RC 计算的研究主要集中在神经科学和认知科学、机器学习及非传统计算。文献［41］分析了影响 RC 性能的基础因素，并提出了两个保证 RC 性能的方案：将时域信息转换为纯粹的空间表达，将历史时域信息编码为具有空间表达的储存池瞬时状态；以及将短暂记忆随着时间的推移而消退。

　　总之，RC 技术在神经网络中是一种常用的操作，用于减小特征图的空间维度、提取主要特征及增加模型对平移不变性的适应性，这些特性使得池化操作在提高模型性能和降低计算负载方面具有重要作用。

　　b　回声状态特性

　　回声状态特性是 ESNs 和储存池能够成为一个有效的非线性动态系统逼近器的关键要素并能够确保 ESNs 具有渐退的记忆，使得随机产生的初始状态的影响能够渐近消失[42]。此外，具有回声状态特性的 ESNs 在外部输入的激励下能够产生内部回应信号，且这些被激活的动态信号可以被视为对具有记忆特性的外部输入的高维非线性独特转换，从而使得 ESNs 对非线性动态信号的学习变得简单[43]。

特性存在的条件由 Jaeger 最早提出的，即内部回声状态连接矩阵 $\boldsymbol{W}$ 具有小于单位量的谱半径[44]。Buehner 和 Young[45]、Yildiz 等人[46]分别提出了两个更加紧致的回声状态特性存在的条件。基于矩阵 $\boldsymbol{W}$ 的代数性质的分析，Zhang 等人应用随机矩阵理论研究了 ESNs 的主要性质，并指出谱半径小于单位量的经验判据是不合理的[47]。除了根据回声状态特性选择 ESNs 参数外，还有一些其他实用的参数选择策略，以保障 ESNs 具有良好的逼近性能。Ozturk 等人提出了一种使 ESNs 具有可观的逼近能力的网络参数设计方法，依据极点均匀分布理论生成矩阵 $\boldsymbol{W}$，输入权值矩阵 $\boldsymbol{W}_{\mathrm{in}}$ 均匀地赋值为 -1 或 1[48]。Strauss 等人设计了一种通过预设矩阵 $\boldsymbol{W}$ 的奇异值的方法来确定 ESNs 的权值参数，同时优化 $\boldsymbol{W}_{\mathrm{in}}$ 的收缩因子。根据这些应用实例可知，ESNs 的逼近能力与权值矩阵的赋值范围紧密相关[49]。

c　ESNs 的改进方法

近年来，大量关于 ESNs 的研究致力于通过改进 ESNs 的储存池拓扑结构、延时连接、模块化储存池和遗漏神经元，以提高 ESNs 的建模预测性能。除了 ESNs 常用的稀疏随机连接储存池拓扑结构以外，许多研究针对不同的应用需求而探索最适合的拓扑结构，比如，基于传统 ESNs 结构进行空间扩展而来的小规模、随意收缩和生物启发式拓扑结构。也有一些文献中使用比传统 ESNs 更加简单的拓扑结构，例如在有限记忆窗口的条件下采用具有延时连接的无结构前馈神经网络。

Fette 等人考虑了退化情况下，由线性单元，对角矩阵 $\boldsymbol{W}$ 和单位输入矩阵构成储存池[50]。

Verstraeten 等人将一维拓扑结构与一个结构参数调整策略用于构建储存池[51]。Lourenço 研究了一类连接在一维空间中的激活和抑制性神经元被用于产生混沌行为[52]。

考虑到传统 ESNs 与时间相关的约束，即不管储存池规模的大小，整个储存池视为一个隐含层，这可能导致 ESNs 对一些复杂非线性映射关系、邻近迭代时间内的数据的学习失败[53]。针对这个问题，Lukoševicius 介绍了一种层数补救，通过将储存池的大量连接转为瞬态有效，同时剩下部分则和普通的 ESNs 相似[54]。

传统 ESNs 的缺点之一就是尽管储存池具有稀疏连接的拓扑结构，但内部激活状态依然具有强耦合特性。为了解决这个问题，Xue 等人提出了一个可行方法，将储存池分成许多去耦合的子储存池，且各个子储存池之间具有受抑连接[55]。

Jaeger 等人提出了一个具有多层结构的 ESNs，即隐含层具有任意层数，且每一层的储存池的激活状态输出同时使用随机梯度下降和误差反传的方式进行训练[56]。

d　ESNs 应用研究现状

ESNs 将递归链接与线性输出部分分割为两部分，使得 ESNs 的网络训练过程更加高效的同时，保留了递归网络的记忆功能。因此，ESNs 被广泛应用于时间序列建模和预测的相关研究中。

鉴于钢铁企业高炉煤气量预测过程中数据含复杂噪声，刘颖等人采用奇异值分解求取网络输出权值的方法，以克服 ESNs 输出权值线性回归训练过程中容易出现病态的问题[57]。

为处理通信子网内电话接入量的预测问题，Bianchi 等人采用遗传算法同时对 ESNs 的模型参数和模型输入量进行优化，以获得高精度的预测结果[58]。

面对气动肌腱建模与控制过程中干扰因素不确定、机理建模分析困难的问题，Xing 等人通过将 ESNs 与经典 PID 控制相结合的方式，充分利用 ESNs 在时间序列预测中精确高效的优势和 PID 控制的稳定性，进行气动肌腱的准确建模和稳定控制[59]。

针对 ESNs 在电力负荷实时预测的过程中易受噪声干扰、鲁棒性不强的问题，肖勇等人开发了模块化的 ESNs，依据输入时序数据所激发的储蓄池内部状态的相似性进行 ESNs 储蓄池模块划分，将池内激活状态从高维空间划分为多个低维子模块，然后对每个子模块进行训练成一个读出器，最后再把各个模块的训练输出整合为整个 ESNs 的输出[60]。通过使用该模块化后的 ESNs 对大客户的实时负荷数据进行预测，在预测精度和稳定性方面取得了较好的效果。

Lv 等人考虑到气量大波动导致采集的工业数据包含高频噪声，使得难以对高炉煤气产生量进行建模，将一种基于分位数的 ESNs 用于对高炉煤气产生量进行区间预测，并通过基于现场采集数据的实验分析对比，验证了该改进的 ESNs 对高炉煤气发生量具有较高的预测精度[61]。

综上分析，因为高速列车高速、高密度追踪运行过程干扰因素复杂多变、动力学非线性强，传统的机理建模方法难以有效描述高速列车动力学特性，现有的数据驱动建模方法建模精度较高，但建模效率缺乏保障，需要提供一种能够可靠高效描述高速列车追踪运行动力学特性的建模方法。

针对上述问题，ESNs 在有效快速建模非线性时间序列方面具有显著优势，适用于高速列车运行数据这种典型非线性时间序列的建模。但 ESNs 存在随机权值范围设定方式单一，不依据数据特征进行调整的问题。因此，本书提出 ESNs 随机权值矩阵收缩因子优化设定策略，以实现对高速列车追踪运行动力学特性的可靠高效建模。

1.1.1.3 列车追踪特性建模

列车在线路区间内的运行模式为追踪运行模式，此模式是由轨道交通的线路特征决定的。在该运行模式下既要保持必要的间隔距离和安全运行，还要尽量缩短其安全距离，因此需要对铁路信号系统中的自动闭塞系统进行理论分析。

列控系统是在自动闭塞系统的基础上发展起来的，以闭塞作为信号或凭证，进行两站区间内若干列车的追踪运行控制。因此，研究基于（准）移动闭塞制式下的高速列车追踪运行特性，是研发高速列车新一代智能化列控系统的重要基础，也是列车运行控制研究领域的重要研究内容之一。

A 自动闭塞系统

定义：自动闭塞是依据列车运行及有关闭塞分区的状态，自动变换通过信号机显示而司机凭信号行车的闭塞方法。

功能：保证线路区间内追踪运行的列车之间始终保持一定距离的空间间隔，且该间隔需要满足列车制动距离要求及适量的安全裕量。

分类：从闭塞制式区分，列控系统的自动闭塞主要包括固定闭塞和移动闭塞两大类。为了更好地描述列控系统的技术特点，在列车信号研究领域按照列控系统所采用的闭塞制式基本分为三类，即固定闭塞、准移动闭塞及移动闭塞（含虚拟闭塞）。

a 固定闭塞

固定闭塞是将线路区间分成具有固定位置、某一长度的若干个闭塞分区，以固定闭塞分区为单位作为追踪列车间的安全间隔的闭塞方式。各个闭塞分区在同一时间只允许被一列车占用，其中闭塞分区的长度是根据区间内所有列车中所需制动距离最长、制动性能最差的列车的特性参数计算得到。区间内的列车之间需要间隔几个闭塞分区，列车以分区的边界作为制动的起始点，而不是根据列车在分区内的具体位置进行设定，固定闭塞的原理如图 1-2 所示。

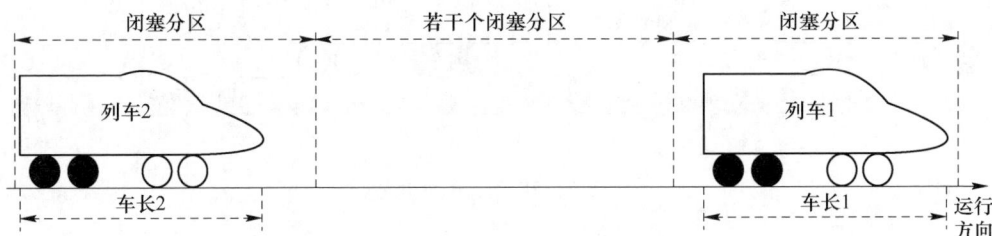

图 1-2 固定闭塞原理图

b 准移动闭塞

准移动闭塞是根据列车之间的最小追踪间隔预先设定且固定不变，并根据前方目标状态设定列车的目标距离和目标速度的闭塞方式。

闭塞分区的划分、使用及列车制动终点与固定闭塞同理,而列车间隔的设定、制动起点的选择不同。相邻两车的间隔距离是根据后面列车制动所需距离来设定的(加上安全裕量),设定的原则是不会冒进到前方列车所占用的闭塞分区,列车制动的起点根据列车运行状态、与前方闭塞分区的相对距离来进行设定。准移动闭塞的原理如图 1-3 所示。

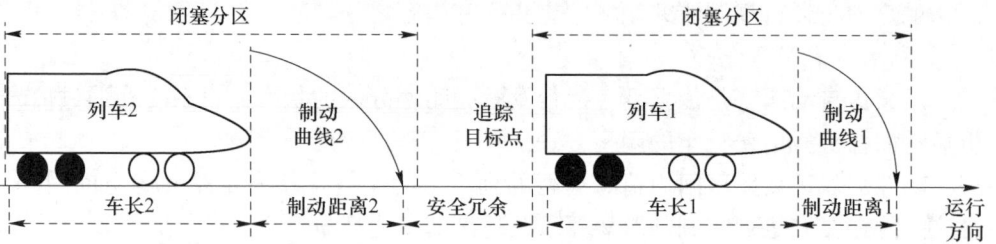

图 1-3 准移动闭塞原理图

c 移动闭塞

移动闭塞是后续列车根据与现行列车之间的距离和进路条件,自动设定运行速度的基于通信的闭塞方式。这种闭塞方式不需要事先设定闭塞分区,而是使用可靠的"车-地"实时双向通信,根据列车的实时运行状态进行列车间隔距离的动态计算。

相比于固定闭塞和准移动闭塞,移动闭塞在缩短列车运行间隔距离、提高行车灵活性和效率方面具有显著优势,移动闭塞的原理如图 1-4 所示。

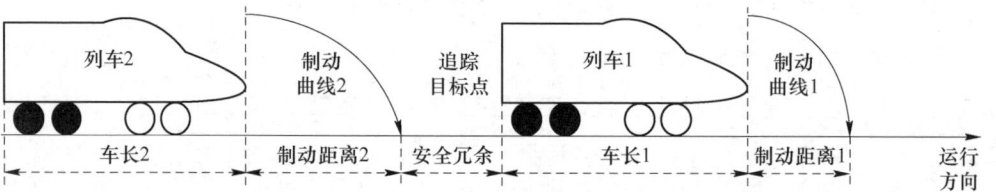

图 1-4 移动闭塞原理图

目前,准移动闭塞已在城市轨道交通和高速铁路系统中普遍应用,移动闭塞则是轨道交通信号系统的发展方向[62]。

B 三种闭塞方式与列控系统的联系和各自特点[63]

列控系统与闭塞系统的相互关系,可归纳为表 1-2。

表1-2 闭塞制式与列控系统

控制模式	分级速度		目标—距离	
闭塞制式	固定闭塞		准移动闭塞	移动/虚拟闭塞
制动模式	阶梯式	分段曲线	一次连续	一次连续
运行间隔	有保护区段（长度大于S）	无保护区段（长度设为S）	起始点可变（小于S）	起始点和目标点都可变（远小于S）
信息传输方式	轨道电路与点式设备	数字/多信息轨道电路与点式设备	无线通信；数字/多信息轨道电路与点式设备	无线通信
轨道占用检查	轨道电路	轨道电路	轨道电路/计轴设备，无线定位应答器	无线定位应答器

三种闭塞方式的特点可归纳列入表1-3。

表1-3 闭塞系统的特点

特 点	固定闭塞	准移动闭塞	移动闭塞
列控模式	分级速度控制	"目标—距离"速度连续曲线控制	实时的"目标—距离"速度连续曲线控制，ATO驾驶的最优化调整
定位方式	轨道电路	轨道电路—粗定位，速度传感器—细定位	电缆交叉定位，应答器定位，速度传感器—细定位
通信方式	轨道电路单向传递"地—车"信息	轨道电路、应答器	采用无线通信双向传输大量的车地信息
系统功能	电气联锁；ATP；ATS	联锁；ATP；ATO；ATS	联锁；ATP；ATO；ATS
最小间隔/s	$100 \sim 120$	$84 \sim 95$	$80 \sim 85$
维护成本	较低	较高	低
应用现状	北京地铁1号线、13号线，上海地铁1号线等	广州地铁1号线、2号线，南京地铁1号线，上海地铁2号线、3号线	上海地铁8号线，北京地铁10号线，广州地铁4号线、5号线

自动闭塞技术为列控系统的兴起奠定了基础，列控系统在发展初期采用了固定闭塞制式，后续则采用了移动闭塞的理念，以减小列车追踪间隔、提高线路运营效率。

1.1.1.4 列控系统

A 组成

我国的 CTCS 系统由车载子系统和地面子系统组成，其中车载子系统的组成部分包括 CTCS 车载设备、无线系统车载模块。

地面子系统则包含应答器、轨道电路、无线通信网络（GSM-R）、列车控制中心（TCC）、无线闭塞中心（RBC）。

B　CTCS 分级

CTCS 系统的集成策略是以地面为基础，车载与地面设备统一设计，共分成 CTCS-0 ~ CTCS-4 五级。

同一条线路上可以采用多种应用级别，其中 CTCS-2、CTCS-3 和 CTCS-4 可向下兼容。在此，将各个等级的技术特征描述列入表 1-4[64]。

表 1-4　CTCS 的特征对比

等级	CTCS-0	CTCS-1	CTCS-2	CTCS-3	CTCS-4
控制模式	目标-距离	目标-距离	目标-距离	目标-距离	目标-距离
制动方式	连续	连续	连续	连续	连续
闭塞制式	固定闭塞	准移动闭塞	准移动闭塞	准移动闭塞	移动/虚拟闭塞
轨道占用检查	轨道电路	轨道电路	轨道电路	轨道电路	无线定位应答器校正
运行间隔	大于 L	设为对照值 L	设为对照值 L	小于 L	远小于 L
线路数据来源	车载数据库	车载数据库	应答器和轨道电路	无线通信	无线通信
地车信息传输	轨道电路 + 点式设备	轨道电路 + 点式设备	轨道电路 + 点式设备，或数字轨道电路	无线通信双向传输	无线通信双向传输

C　应用现状

在 CTCS 系统的应用方面，基于 CTCS-0/1 级标准的设备仍占很大比例，基于 CTCS-2 级标准的设备正在既有干线和新建 200 ~ 250 km/h 高速铁路上推广使用。CTCS 技术体系文件中规定新建 300 ~ 350 km/h 客运专线则使用 CTCS-3 级列控系统作为标准设备。地面子系统和车载子系统共同构成了 CTCS-3 级列控系统，其中地面子系统又是由多个地面设备组成的，它的核心设备中包含无线闭塞中心 RBC。在此，将各级别的应用情况概述列入表 1-5[65-66]。

表 1-5　CTCS 的应用现状

等级划分	应　用　现　状
CTCS-0	以既有 160 km/h 速度等级的线路为主，采用机车信号与运行监控记录装置组合设备
CTCS-1	同样用于 160 km/h 速度等级线路，在 CTCS-0 级上增加轨道检测信息、升级安全等级；采用机车信号，增加地面通过信号机、车站点式设备
CTCS-2	面向 250 km/h 客运专线，采用应答器和轨道电路实现信息传送，以车载信号为行车凭证进行一体化列车控制
CTCS-3	面向 350 km/h 的客运专线，分别采用 GSM-R 和轨道电路实现车地双向通信和占用检查，由 RBC 完成移动授权的计算和发送到列车，同样以车载信号为行车凭证但不设置通过信号机
CTCS-4	面向下一代的列控系统，目前尚未应用，是未来发展的方向。完全采用无线通信进行车地信息传输，并使用虚拟闭塞和移动闭塞，尽量少地使用地面信号设备；由车载系统和 RBC 共同完成车辆定位与完整性检查

D　发展现状

我国的城市轨道交通列控系统是从北京地铁起步的，其中的调度集中系统、移频轨道电路和 ATP 车载系统都是由我国科研工作者自主研发而来。但是，在初期，我国的轨道交通建设水平较低，相应的自主研发设备水平也相对较低，难以承担起一体化的列控系统功能。因此，我国后来在引进外资的基础上增加了国外先进轨道交通技术的引进和利用[67]。在比较长的一段时期内，我国的城市轨道交通信号系统是不同国家引进和国产化并存，比如我国部分一线城市引进的列车自动控制系统（ATC）来自英国、美国等国家不同的公司，而广州地铁 1 号线则采用了西门子公司的 ATC 系统[68]。

在铁路运输系统方面，客货混合、不同速度等级列车同线运行是一个长期状态，这就使得我国的铁路运行控制具有制式混杂、限速等级多样的特点。面对这一特点，我国采用充分借鉴和利用国外先进列控技术（比如法国的 TVM300 和 TVM430 系统）的策略，在引进的同时技术消化和自主创新并举，后来逐步研制了符合我国铁路系统特点的 ZPW2000、LSK 客车速度分级控制等列控系统[69]。

高速铁路在我国长途运输方阵中占据了主导地位，且运行速度达到了 300 ~ 350 km/h。当前法国、德国、日本的高速动车组运行控制技术代表了世界先进水平，而我国的高速铁路技术经过多年的技术积累和研究创新也取得了巨大的发展成就。其中，ATC 作为轮轨技术的重要部分，是保障高速列车运行系统安全性的核心技术之一。在我国，采用 CTCS-2/3 级列控系统的高速动车组已经稳定服务十余年，不但为人们的出行提供了便捷舒适的交通方式，同时也成为了我国装备走出去的一张靓丽名片。ATP 车载设备是 CTCS-3 级列控系统安全可靠运行的核心设备，在保障高速列车安全平稳、高效舒适运行中发挥了重要作用[70]。

1.1.1.5　列车追踪运行特性研究现状

高速列车高速、高密度的追踪运行已逐渐成为高速铁路（特别是铁路干线）运营的重要场景。开展关于列车追踪运行特性的研究对改进铁路运营管理、优化列车驾驶策略等具有重要意义，已成为列车运行优化控制领域的重要研究内容之一。

刘海东等人建立城轨运行环境下的列车追踪运行仿真模型，以模拟两列车在固定闭塞、准移动闭塞和移动闭塞下的追踪运行关系，并验算了不同闭塞制式下的最小列车追踪间隔[71]。荀径等人将不同闭塞制式下的列车追踪间隔计算模型融入 CBTC 仿真系统中，对各类闭塞制式下的列车追踪运行特性进行计算，以得到列车在各类闭塞制式下的最小追踪运行间隔时间的比较结果[72]。周艳红等人通过建立高速列车追踪特性基础模型，分析不同闭塞制式下高速列车追踪运行过程受到的约束条件，以此构建高速列车追踪运行仿真模型，验算高速铁路区间安全间隔时间、信号系统通过能力[73]。

为了提高列车运行控制效率，早在 1963 年，国内学者汪希时就提出了移动闭塞系统的概念[74]；国外则到了 1973 年，由 Pearson 针对列车在稳态和受到干扰两种条件下的运行特征，给出了移动闭塞信号系统的技术框架，并结合列车运行线路特征分析移动闭塞在稳态运行条件下的最大运行密度[75]。Lockyear 结合 1990—1996 年间 Docklands Light Railway 公司运用 Seltrac 铁路信号系统的经验，分析了移动闭塞系统的重要组成要素，并指出列车通信的可靠性将是移动闭塞系统发展中的技术瓶颈，列车 ATC 系统集成能力，以及列车定位准确性[76-77]。移动闭塞系统凭借其在保证列车追踪安全和效率方面的突出优势，已成为轨道交通信号系统闭塞制式的发展方向，很多学者开展了移动闭塞下的列车追踪特性研究。付印平[78]、Gu[79]、Tang[80]、荀径[81]等人建立了列车元胞自动机追踪运行模型，并给出相应的模型求解算法，以改进移动闭塞下的列车运行控制性能。针对移动闭塞下两列列车追踪运行复杂特性建模问题，潘登[82]、Chen[83]、陈磊[84]等人充分利用 Petri 网理论模型在同时描述相互独立又存在协作的多个节点动态特性方面的优势，建立相邻两列车的追踪运行实验模型，并基于该模型提出了列车追踪运行优化控制及列车行为调整策略。

除了关于两车追踪模型的研究之外，有许多学者也关注了多列车追踪运行模式下的列车运行控制特性。金娟等人建立了列车在移动闭塞下的追踪间隔计算模型，结合追踪间隔影响因素分析结果，计算列车追踪间隔时间最小值，并对模型计算效果进行了仿真验证[85]。卢启衡等人基于闭塞系统的静态速度约束和列车追踪运行动态速度约束，以列车手柄级位和工况切换点作为模型输入，建立了追踪列车节能优化模型[86]。罗志刚等人基于传统的列车安全距离计算方法，结合前车速度信息给出了列车安全距离计算模型及其参数优化算法[87]，然后基于此模型和算法设定列车追踪运行距离自动调整策略[88]。

顾青等人基于城轨列车追踪运行过程的动态特性分析，将前行列车运行状态对后车运行控制带来的约束作用整合到后车运行控制决策中，并建立了列车追踪运行多目标优化模型，以挖掘列车节能驾驶的潜能[89]。Wang 等人研究了固定和移动闭塞制式下的列车追踪运行目标曲线优化设定问题，在考虑变坡道和限速的情况下，给出了列车最小安全追踪间隔运行控制算法[90]。唐海川等人针对两列车追踪运行过程的节能运行优化问题，通过优化两列车的牵引、制动重叠比例，给出了充分利用再生制动回馈能量的列车追踪运行最优节能策略[91]。严细辉针对多列车追踪运行模式下的列车节能优化问题，给出了多列车分布式追踪运行节能优化策略，建立了多列车速度一体化追踪控制策略模型，并将列车定位不确定性也融入该速度控制模型[92]。高士根依据移动闭塞下的多列车追踪运行动力学特性，给出了基于线性加权的多列车协同优化控制建模策略，并基于该模型设计了分布式协同优化控制算法，以求解多列车追踪运行最优控制方案[93]。杨辉等人通过分析列车追踪运行特征，建立了列车追踪运行控制律的多目标优化模型，并使用多目标智能优化算法求解该模型[94]。

综上可知，研究人员对各种闭塞下的列车追踪运行限速因素和优化控制策略的研究较多，但鲜有对追踪运行列车之间的状态耦合关系，以及这种关系给相邻列车的运行控制带来的约束作用开展深入研究。

1.1.1.6 列车追踪运行优化控制

列车追踪运行优化控制系统是通过实时跟踪和监控列车，采用先进的技术和方法来优化列车的运行效率和安全性。列车追踪运行操纵策略由列车级位和牵引、惰行、制动工况切换点组合而成，通常以行车安全、节约能耗、提高线路效率、减少行车延误、提升乘坐舒适性为目标进行操纵策略的设定，主要进行单列车运行优化控制和多列车协同优化控制。

在现有信号系统下的单列车操纵运行过程中，列车通常依据列车运行控制中心给出的行车命令，结合自身机械特性和当前线路特征，进行操纵策略的被动式设定，以追求更好地满足上述运行目标。

多列车协同控制是以单列车运行操纵为基础的一种宏观操纵优化模式，在该操纵模式下列车被赋予了一定的运行控制自主性，可依据环境感知、前后列车整体运行状态等实时信息，在一定范围内自主设定自身的运行权限和操作策略，以提高线路区间整体的运营效果。在一定范围内自主设定自身的运行权限和操作策略，以提高线路区间整体的运营效果。随着列车运行速度的提高、多列车追踪运行状态耦合关系的增强，对列车操纵优化算法的优化能力、计算效率提出了更高要求。针对上述列车操纵优化问题，研究人员已做了大量的研究工作，并取得了许多重要的研究成果。

1.1.1.7 列车运行操纵优化

针对列车操纵优化问题，澳大利亚南澳大学的 Howlett 教授和他的团队做了大量研究，并取得许多有意义的研究成果。Howlett 等人在 1994 年建立了列车机械能计算模型和能源消耗模型，结合列车多质点动力学模型和庞特里亚金极大值原理给出了列车节能优化控制策略，并采用该优化操纵策略建立了客运、货运列车的节能辅助驾驶系统[95]。Howlett 充分考虑线路坡度变化对列车优化操纵的影响，结合列车牵引特性曲线的离散特性，给出了长大货运列车的优化操纵策略[96]。Howlett 等人基于上述研究结果，根据某一类梯度特性提出局部能耗最小的列车优化操纵方法，并对方法有效性进行装车验证[97]。Albrecht 等人针对列车操纵策略优化问题，给出了列车动力学建模方法、工况切换点设置策略，以及局部能耗最优算法的有效性和唯一性综述分析，为后续列车优化控制研究提供了很好的参考[98-99]。Khmelnitsky 在能耗模型中考虑了连续坡度变化和线路限速等约束条件，采用数值方法求解优化列车牵引制动手柄最优组合，以达到列车在跟踪目标轨迹运行过程中的能耗最小[11]。Liu 等人在充分考虑列车运行操纵过程中线路坡度、限速和列车最大制动力等约束条件下，采用解析法求解列车最优操纵序列[100]。

针对列车节能操纵优化问题，我国学者也做了大量有意义的研究。其中，王自力等人基于对列车运行能耗组成因素的分析研究了列车节能运行控制策略的设定问题，并结合列车运行线路特征给出了列车节能运行优化控制序列[101]。金炜东等人分析了起伏坡道上的列车节能操纵优化问题，将起伏坡道区间划分为若干子区间，采用全局优化与局部计算相结合的方式，快速获取列车最优操作序列[102]。

何鸿云等人提出了列车牵引计算及驾驶操纵仿真软件的设计目标与方法，并通过现场试验和应用测试了该软件的仿真计算效果[103]。冯晓云等人在借鉴优秀列车司机操纵经验的基础上，给出了列车优化控制原则和评价指标，并提供了列车操纵优化策略及其数学求解方案[104]。石红国等人针对列车单质点计算模型难以准确描述列车在变坡点和变曲线点附近受力状态的问题，提出了列车多质点计算模型，并基于模型给出城轨列车的三种节能牵引计算策略[105]。付印平等人分析了列车在运行干扰下的节能操纵优化问题，给出列车最优控制模型，并采用变长度染色体遗传算法，依据工况序列表，求解该最优控制模型[106]。柏赞等人分析了列车运行能耗的主要构成，并通过优化调速制动前的惰行距离及运行速度的上下限，减少制动调速和增加制动前的惰行距离以降低运行能耗[107]。张星臣等人对我国特点型号动车组的目标速度幅值、停站方案和乘客满载率与列车牵引能耗关系进行了分析，并提供了相应的列车节能操纵建议[108]。唐海川等人为追求列车牵引能耗和时间成本最小的运行优化控制目标，设计了基于动态规划法和二分法的列车节能、正点运行的在线调整策略[109]。荀径等人在研究列车节能操纵优化方法时将其整理为三类，即仿真法、解析方法和数值方法，并对各类方法的研究和应用情况进行分析[110]。王青元等人分析了高速列车制动系统中再生制动和空气制动的特性，在列车能耗计算中充分考虑牵引系统效率及再生制动能量再利用的情况下，给出高速列车准点运行条件下的节能优化操纵方法[111]。

列车运行过程需要考虑节约能耗的同时，准点率、平稳性等也是重要的运行评价指标，所以针对列车多目标操纵优化问题，国内外学者也开展了大量研究。同时，智能控制理论的飞速发展，为列车操纵优化问题提供了很好的求解方法，比如模糊控制技术、神经网络、启发式随机搜索算法等综合优化技术。

Hwang 等人通过构造一种数值算法来获得列车的最优控制策略，并采用最大原则分析方法计算列车运动方程的最优解，从而利用最优解的解析性完成列车最优控制策略求解数值算法的构造[112]。Li 等人设计了采用微分进化算法和模拟退火算法的混合进化策略，以获取列车节能运行轨迹的帕累托最优解[113]。余进等人建立了列车运行过程优化控制模型，并采用改进的多目标粒子群优化算法求解模型，得到列车运行过程的多组优化操纵策略[114]。Yang 等人以最大化再生制动能量利用率和减少乘客乘车等待时间为目标，建立基于发车间隔时间和停站时间控制的双目标整数规划模型，并采用二进制编码遗传算法求解该模型，得到列车最优控制策略[115]。上官伟等人以节能和区间运行时间为多目标优化指标，充分考虑了线路限速变化对列车运行能耗的影响，依据限速高低组合关系进行线路区间划分，并给出不同子区间的节能运行操作方法[116]。严细辉等人将节能、准点、精确停车和乘坐舒适性作为优化指标，建立高速列车多目标运行优化控制模型，并采用改进后的差分进化方法求解该多目标优化模型，得到高速列车多目标优化控制策略的 Pareto 解集[117]。

杨辉等人根据高速列车动力学特性和限速动态变化特征，以牵引能耗、运行时间、停车误差和乘坐不舒适性为评价指标，给出了高速列车多目标运行优化控制模型建模方法，并将改进后的多目标粒子群算法作为最优控制策略解集的求解方法[118]。付雅婷、杨辉等人为了开发一种高速列车智能控制系统以满足高速列车的多目标运行控制要求，建立了高速列车 ANFIS 动态特征模型，设计了相应的广义预测控制器，并对控制系统的稳定性进行了理论分析验证[119]。杨辉等人建立了高速列车双线性 T-S 模糊动力学模型，并基于该模型设计了一种自适应预测控制方法，同时给出模型和控制器参数在线调整策略，以实现对高速列车运行曲线安全、节能、准点跟踪控制[27]。刘鸿恩、杨辉等人基于高速列车追踪运行特征，建立了以安全准点、节能舒适为评价指标的高速列车追踪运行多目标优化控制模型，并采用改进后偏好控制灵敏度和节能的多目标粒子群算法求解模型[120]。

1.1.1.8　多列车协同优化控制

针对多列车（两车及以上）追踪运行操纵优化问题，除了受到上述运行条件的约束之外，还需同时考虑到前车运行状态变化对后车运行控制的约束，兼顾线路区间整体运行效率、能耗、舒适性的综合优化。此外，在不同信号闭塞系统下的列车追踪运行特性也有显著区别。

针对闭塞系统下的多列车追踪运行优化控制，国内外的学者进行了大量研究。Wong 等人针对列车追踪运行优化控制问题，以节能和准点为优化目标，采用遗传算法求解列车运行过程中的单个和多个惰行点[121]。Ghoseiri 等人分析了单线和双线铁路段上的多列车运行时刻表优化问题，以运行总时间和列车油耗为优化指标，采用 LINGO 软件求解最优运行时刻表[122]。Wang 和 Goverde 又根据上述的研究结果，研究了多列车追踪运行轨迹优化问题，给出以准点和节能为目标的三种操纵优化策略，并采用时间和速度窗口设置方法进行列车节能运行时间表的设定[123]。Yang 等人针对地铁列车运行时刻表协同优化问题，采用列车发车、停站时间节点条件方式，以相邻列车制动和牵引重叠时长为优化指标，进行多列车时刻表的优化设定[124]。此后，Yang 等人将研究方法用于同一供电区间内所有列车的节能运行优化[125]。Su 等人建立了城轨列车区间运行冗余时间最优分配的时刻表模型，以使站间运行总能耗最小[126]。陈志杰等人分析了列车追踪运行节能优化问题，通过调整前行列车和追踪列车操纵策略的方式，增加列车再生制动能利用率[127]。

步兵等人提出单列车节能操纵和多列车协同利用再生制动能的节能策略，通过调整列车区间运行时间和停站时间进行多列车协同，以及调整列车操纵工况进行单列车节能操纵，以实现全线列车运行总能耗最优的目标[128]。苏锐丹研究了基于移动闭塞的高速列车优化控制问题，给出高速列车在不确定因素影响下的实时优化控制方法，并将该方法扩展用于多列车的协同优化控制[129]。刘鸿恩分析了高速列车在不同闭塞系统下的追踪运行特征，基于此提出了高速列车追踪运行的多目标优化控制模型，并给出相应的求解策略[130]。陈振东研究了移动闭塞系统下的列车间隔控制问题，利用线性二次型高斯法，给出列车追踪运行的制动控制方法及相应的间隔控制策略[131]。康珉研究了准移动闭塞与移动闭塞系统下的列车追踪运行控制问题，采用势函数和 Leader 跟随方法分别给出了准移动闭塞条件下的列车追踪运行控制策略，以及移动闭塞下的多列车追踪运行协同控制策略[132]。

针对车队追踪运行优化问题，目前已有许多重要研究成果。Su 等人研究了城轨系统多列车追踪运行节能优化问题，结合顶层交通管理规则和底层列车运行控制策略，提出一种集成节能算法以同时获得最优的运行图和驾驶策略[126]。Zhao 等人利用主动通信技术在提高发车效率和运行安全方面的优势，提出了列车动态间隔优化方法，以提高铁路线路区间的通车能力和列车运行安全[133]。Dong 等人给出了多列车在移动闭塞下的协同优化控制方法及相应的控制稳定性判据，通过巧妙的参数估计使得控制算法计算量极小化，并采用最近邻列车的通信信息实现整个车队的追踪控制性能优化[134]。Wang 等人研究了两列车追踪运行轨迹的优化设定问题，并采用多相最优控制方法在综合考虑列车运行图、线路条件和限速条件的基础上求解该问题，得到列车在顺畅通行和有延误两种情况下的追踪优化控制策略[135]。

Wang 等人分析了单线轨道上存在延时情况下的列车运行速度轨迹优化问题，通过优化车站发车、达到时间及列车目标速度曲线，得到缓解延时和能耗最优的多列车操纵策略[136]。Ning 等人根据高速列车在移动闭塞下的追踪运行特点，建立基于后防通信拓扑原理的协同控制模型，设计基于非线性映射的反馈控制方法，并给出了反馈控制系统的全局稳定性和最终界限证明[62]。Gao 等人根据移动闭塞的特点，提出一种无须经验参数先验知识的控制律在线调整方法，确保列车在线路限速和前行列车运行状态约束下的追踪运行过程满足设定的性能目标[137]。

1.1.1.9　列车运行速度预测控制

精确、平稳的速度跟踪控制是实现列车智能驾驶的关键技术之一，然而，高速列车在开放环境下追踪运行过程中，其运行控制受到线路、环境、自身机械特性及前车运行状态等众多动态时变因素的约束，使得高速列车精确、平稳的速度跟踪控制充满挑战。又因为模型预测控制方法具有高效处理动态多约束优化控制问题的优点，被广泛应用于列车运行控制研究，预测模型的可靠性和求解效率是决定预测控制性能的重要因素之一。

A　模型预测控制研究现状

模型预测控制（model predictive control，MPC）自 20 世纪 70 年代问世以来，凭借其滚动优化机制和显式处理约束的能力，已在处理动态约束下的复杂工业过程优化控制问题方面展现了巨大潜力[138-139]。然而，MPC 控制算法需要在线求解带约束的滚动优化问题、进行预测模型计算，带来的问题是在计算量大、算法运行效率难以匹配实际应用需求，使得 MPC 算法研究与实际应用还存在着严重脱节[140]。针对这一问题，许多学者开展了大量研究，以突破 MPC 的计算效率瓶颈，缩小 MPC 理论研究与实际应用之间的差距。

在 MPC 的算法策略和结构方面，分布式预测控制是一个研究热点，被广泛用于解决大规模系统的高效优化控制问题[141]。Morosan 等人采用分布式 MPC 进行多类大型建筑的温度控制[142]，Mercangz 等人将分布式 MPC 用于工业过程控制[143]，De Oliveira 等人将分布式 MPC 用于城市轨道交通多列车优化控制[144]。郑毅等人提出了一种改进的分布式 MPC 控制方法，通过在各个子系统预测控制器的性能指标中融合输入变量对其下游子系统的影响的二次函数，以增强控制系统协调度，在保持系统网络连通度和容错性的条件下，提高系统的整体性能[145]。此外，"离线设计"与"在线综合"的算法策略，被大量应用于避免重复计算，以提高 MPC 在线计算效率[146-147]。"模块化"策略也被广泛用于降低滚动优化的计算量。Cagienard 等人基于传统的模块化策略，提出了动态窗模块化算法，通过动态模块化的方法提高闭环系统的控制稳定性[148]。

针对动态系统受到复杂外部干扰的问题，需要考虑系统控制的可靠性，因此许多学者开展了鲁棒 MPC 控制方法研究。最初阶段，Kothare 等人采用线性矩阵不等式提高 MPC 鲁棒性[149]。Scokaert 等人则采用"极小-极大化"反馈的鲁棒MPC 控制方法，进行受限线性系统的预测控制，这一方法后续被广泛采用[150]。Richards 等人提出一种鲁棒 MPC 控制算法，在保持优化复杂度不变的情况下，采用在线优化约束收紧的方式提高 MPC 控制方法的鲁棒性[151]，改进了上述方法在求解在线优化问题时过于复杂、难以开展工程应用的问题。Fukushima 等人基于二次规划方法给出鲁棒 MPC 控制方法，在求解基于比较模型的优化问题时将模型中的未知扰动影响转移到比较模型中，以降低 MPC 控制难度并提高控制鲁棒性[152]。

非线性系统广泛存在于工程应用中，但是设计非线性系统的 MPC 控制器难度较大，且求解计算量大，难以保障系统控制稳定性和效率。传统方法往往是将非线性系统进行线性化，但是这种方式难以保障控制器的完整性。针对这一问题，研究人员对 MPC 控制方法进行了改进。Mayne 等人综合了届时 MPC 控制方法在受限线性和非线性系统控制中的应用现状，并给出了受限非线性系统控制稳定性和鲁棒性的判断方法[138]。Allgower 等人针对工业控制对象需要在众多环境约束和特定性能要求进行工作，而传统的线性控制方法难以满足这一要求的问题，给出了非线性 MPC 的相关研究理论基础及其计算和应用的控制策略概述，为后续非线性预测控制的理论发展和应用奠定了基础[153]。Magni 等人对 2009 年前期关于非线性 MPC 的研究成果做了总结，其中主要涉及复杂系统、随机系统的 MPC 控制，系统稳定性、鲁棒性分析，系统状态估计，目标轨迹跟踪等[154]。此外，混杂系统作为一种典型非线性系统，能够同时表达连续、离散模型特征，通常用于处理存在逻辑切换和离散动态特性的问题[155]。Torrisi 等人开发了 HYSDEL 工具用于某类混杂系统的建模和预测控制[156]。Camacho 等人分析了混杂系统 MPC 控制问题求解的核心因素，并基于此进一步探讨了混杂系统的建模与控制问题[157]。

B　基于预测控制的列车运行优化控制

列车在开放环境中的追踪运行过程受到复杂多变运行环境约束的同时，其运行控制也受到相邻列车运行状态的动态约束，这给列车智能驾驶控制方法的控制精度、运算效率和抗干扰性提出了更高要求。因此，针对动态多约束下的列车追踪运行过程优化控制问题，MPC 被广泛视为一种有效的在线优化求解方法。

杨辉等人设计了多模型预测控制算法以描述高速列车的非线性动力学特性，该方法取得了不错的建模效果，但是多模型的在线平稳切换策略有待进一步的研究给出[15]。杨罡等人依据牛顿力学规律建立高速列车动力学机理模型，并提出一种模型参数在线更新方案，实现高速列车运行过程的模型预测控制[19]。王龙生等人通过牛顿运动分析和分段线性化的方式建立动车组运行过程动力学进行建模，并提出基于混合系统模型的动车组预测控制方法[158]。汪仁智等人通过建立地铁列车动力学机理模型和能耗模型，然后基于模型预测控制方法设计了地铁列车节能运行控制策略[159]。李中奇等人基于高速列车单质点动力学模型提出具有控制器匹配特性的广义预测控制参数优化方法，以实现高速列车运行过程自动速度跟踪控制[160]。Yang 等人针对高速列车在线运行优化问题，建立了高速列车 T-S 双线性建模，并给出了基于该模型的高速列车预测控制算法，同时提出了基于即时学习策略的预测控制参数调整算法，以保障预测模型精度和算法实时性[27]。

杨辉等人利用现场采集的高速列车实际运行数据建立高速列车 ANFIS 单模型

和 ANFIS 多模型，以准确描述高速列车运行过程的动态非线性特点，并基于此提出模型预测控制方法进行高速列车单车运行优化和多列车追踪协同优化控制[31,119]。杨辉等人采用最小二乘支持向量机建立了高速列车动力学模型，设计高速列车 MPC 方法[26]。这些研究成果充分体现了 MPC 方法处理高速列车速度追踪问题的巨大潜力。然而，仅依据速度跟踪误差进行滚动优化求得的操作策略，难以满足高速列车多目标运行要求。

以上研究成果充分体现了预测控制方法显式处理带动态多约束问题的优势。然而，高速列车运行过程具有环境复杂、干扰因素众多的特点，上述研究成果采用机理分析建模方法难以有效可靠地描述高速列车运行过程的非线性动态特性，因此人们将注意力转移到数据驱动建模。但是，基于数据驱动建模的控制方法往往忽略了算法计算效率对其实际应用有效性、可行性的影响，导致研究结果难以满足应用需求。MPC 控制算法面临的挑战有计算量大、效率难以匹配实际应用，因此，提高 MPC 的预测模型计算效率对缩小 MPC 理论研究与实际应用之间的差距具有重要应用价值。

1.1.2 研究展望

目前国内外针对列车追踪运行建模和控制的研究在列车动力学、列车追踪特性建模方法和列车追踪运行优化控制策略等方面，取得了许多有意义的成果。但是考虑到高速列车追踪运行控制过程的复杂性，有关高速列车追踪运行优化控制技术的提升研究仍有待深入，本书针对上述研究问题进行深入分析和研究，研究展望如下：

（1）针对神经网络建模可靠性的研究成果较少，进一步研究基于 ESNs 的高速列车速度预测模型的可靠性，提升建模算法有效性，为将来后续应用奠定基础。

（2）列车追踪运行场景的特征因素复杂多变，考虑建立列车动态追踪特征模型，更加准确地描述高速列车追踪运行场景的完整特征。

（3）考虑到多列车追踪特性模型参数与追踪列车的动态性能密切相关，研究模型参数自适应调整策略，以提高多列车追踪特性模型的鲁棒性。

（4）由于多列车高速、高密度追踪运行的状态强耦合特性，行车故障对区间整体运行效果的影响容易被放大，因此有必要研究有效的多列车追踪运行容错控制策略，以确保区间整体安全平稳运行。

1.2 重载列车智能优化控制技术

重载铁路在许多幅员辽阔、资源丰富的国家已经成为大宗货物运输的主要途径，是国家经济发展的大动脉。尤其是我国，由于煤炭资源及其消费主体的地域分布都不均匀，重载铁路成为了我国实施"北煤南运、西煤东调"战略的必然选择。此外，提高重载列车智能化、自主化水平也是实施"中国制造2025"的重要技术支撑之一[161]。

重载列车作为一个运行在复杂多变路况与环境中的大惯性、动态非线性系统，在运行过程中的特点包括车钩容易受损断钩，长大下坡循环空气制动控制难度大、容易超速，列车纵向冲动力变化频繁等，极大地增加了驾驶难度[162]。因此，培养一名合格的重载列车司机需要经历一个漫长、高成本的过程，导致当前我国重载列车司机数量紧缺。此外，随着近年来重载列车开行密度增大、单列载重增加、列车车身变长，依靠传统的人工驾驶方法难以满足重载列车的多目标运行要求，开发重载列车智能控制系统是重载铁路发展的必然趋势[163]。

重载列车智能优化控制技术主要针对列车的自动驾驶系统，分析重载列车自动驾驶操纵系统的研究内容及技术方案，介绍重载列车基于纵向动力学建模的车钩力预测方法，分析重载列车自动驾驶目标速度曲线设定方法，并通过研究长大重载列车的驾驶难点及模糊自适应PID控制方法的特点，给出自适应死区调节模糊PID控制策略，通过半实物模拟仿真平台和车载应用实验多个测试流程，对所提出的建模和控制策略进行验证，进一步提高重载列车自动驾驶系统的准确性和平稳性。

1.2.1　国内外研究现状与发展

智能驾驶系统在城轨、地铁、动车组列车和重载列车领域的发展正在稳步提升，但目前国内外关于城轨、地铁列车智能驾驶系统的仿真与应用研究成果较多，针对万吨重载列车智能驾驶系统的仿真研究很少，该方面的推广应用仍处于起步阶段，成功应用的经验与成果几乎空白[164]。

1.2.1.1　城轨、地铁和动车组列车智能驾驶系统的现状与发展

国外针对列车智能驾驶系统的研究始于20世纪60年代，欧洲、日本等发达国家和地区开展了大量列车自动控制系统的研究和试验工作。到了20世纪80年代，随着信息产业技术和人工智能技术的发展，世界上许多国家在列车智能驾驶系统的应用方面取得了长足的进步，起步较早的有英国、德国、日本、澳大利亚、法国等。1987年，日本研制了一种基于模糊预测控制的智能化列车自动驾驶系统，并成功运用于日本仙台地铁，该方法结合预测控制方法，解决了单纯使用模糊控制精度较低的缺点，成为预测控制方法在列车智能驾驶系统中运用的典范。1995年，日本又将两级独立的模糊神经网络控制系统成功运用于列车控制系统，该方法能够实时优化模糊控制规则，减少模糊控制规则数量。澳大利亚学者通过理论证明了理想线路上列车运行最佳操纵策略为：最大力牵引、巡航、惰行和最大力制动，该方法在澳大利亚南部的高勒中央铁路上开展的试验中取得了

较理想的结果。英国研发了基于计算机控制的列车惰行系统 TCAS，在保证列车准点的情况下，该系统能够适时提醒司机进行惰行操纵。近年来，来自国内外多个团队的科研人员基于列车的基本性能指标（如安全性、准时性、平稳性等）建立了多种自动驾驶的列车模型，基于这些模型对目标速度曲线进行优化设定，以实现列车的高效运行，并设计了相应的列车自动驾驶模拟器仿真验证控制算法的有效性[165]。

国内针对列车智能驾驶系统的研究起步较晚，目前国内大部分地铁中使用的列车智能驾驶技术都是从西门子、阿尔斯通、庞巴迪、安萨尔、泰雷兹等国外厂商引进的。为了填补该技术在国内的空白，国内的一些高校和科研机构从 20 世纪末开始，依据我国国情和铁路网的特点，进行了针对性的技术改进和自主研发，取得了一系列的相关成果。

（1）列车智能驾驶系统的控制算法方面。中国铁道科学研究院将神经网络技术应用于列车进站控制，采用实时循环优化的方式来实现地铁自动进站控制。西南交通大学将最大值原理和模糊控制理论相结合，提出了基于最大值原理的模糊控制算法，并将该算法成功应用于地铁列车的运行控制中。兰州交通大学提出了知识表示法，通过模拟测试表明了该方法在列车运行控制系统中具有较强的表示及处理能力。山东大学控制科学与工程学院将基于事件的控制技术应用到地铁列车的运行控制系统中，进而可以根据列车走行距离来调整列车的运行控制操作，实现地铁运行的多目标优化，并对列车自动驾驶控制进行了模拟。

（2）列车智能驾驶系统的应用研究方面。2009 年 12 月，中国铁路通信信号集团公司研发的"城市轨道交通列车自动驾驶系统"项目在长春通过了专家组的技术审查。2010 年 9 月，由北京交通大学等单位共同研究开发完成了基于移动通信的列车运行自动控制系统，在北京地铁亦庄线进行调试和试运行。2012 年 3 月，卡斯柯在 CBTC 国产化研究中取得的成果成功应用于北京地铁 1 号线的改造项目。国内还有许多致力于列车自动驾驶系统研发的厂商，如北京微联、北京交控、卡斯柯、恩瑞特、和利时等。此外，由中国铁道科学研究院（以下简称"铁科院"）领衔组织研制的高速动车组自动驾驶系统、设备，在近几年取得了世界瞩目的成果。2016 年，由铁科院组织研发的动车组智能驾驶，成功在莞惠和佛肇城际铁路上投入运营，实现全球首次将列车自动驾驶技术应用到 200 km/h 的速度等级铁路线上。2018 年 9 月，由铁科院组织研制的高速列车智能驾驶系统/设备已顺利通过为期 3 个月的测试实验，于 2019 年在京张高铁线路上实现速度等级 350 km/h 的高速列车自动驾驶。

由以上可知，国内外在客运列车的自动驾驶算法研究及应用方面都取得了丰富的成果。然而，由于万吨重载列车运行控制过程相对于客运列车更具挑战性（如万吨重载列车运行过程纵向冲动频繁、车钩容易受损导致列车脱钩、长大下坡需要进行循环空气制动），难以将上述研究及应用成果直接推广应用到万吨重载列车的自动驾驶系统中。

1.2.1.2　重载列车智能驾驶系统的发展

当前，国外仅有少数几个铁路系统较为发达的国家（如美国、澳大利亚、俄罗斯和巴西等）开行了重载列车。美国是世界重载运输的首创国，其全部铁路里程的一半以上为开行重载列车的 Ⅰ 级线路，是目前开行重载列车数量最多的国家，其重载列车运输距离大约为 1200 km，牵引重量 9000 多吨。2001 年，澳大利亚开行了载重达到 8 万多吨（总重超过 9 万多吨）的铁矿石运输重载列车，成为至今世界上最长最重的重载列车。我国的重载运输技术研究始于 20 世纪 90 年代，2006 年大秦线 2 万吨重联重载列车的成功开行，表明我国现今在牵引重量和重载运输规模上都已达到较高水平。

当前城轨列车智能驾驶系统的算法和应用研究开展得如火如荼，关于重载铁路运输的研究仍主要集中在其车钩力分析、动力学建模等方面，与其相应的列车智能驾驶系统的研究成果仍主要处于理论分析和仿真试验阶段。2018 年底，国际三大铁矿石巨头之一的英国力拓集团宣布其在澳大利亚开展的自动货运 AutoHaul 项目投入试运营，项目所属 200 列重载列车在西澳皮尔巴拉的平缓铁路线上开始自动驾驶运行。2019 年春运期间，由株洲中车时代电气股份有限公司组织研发的国产化 HXD1 电力机车自动驾驶系统首次在西康线投入载重约 5000 t 的试运行，这标志着我国在重载列车运行的行程规划、速度跟随控制、安全导向控制等技术上取得显著的进展。上述重载列车自动驾驶项目在平缓线路条件、不考虑车钩力动态变化情况下的成功试运行，在一定程度上填补了国内外重载列车自动驾驶技术应用试验的空白[166]。

然而，开展万吨重载列车在复杂路况下的自动驾驶算法设计与应用研究还面临诸多困境，如：（1）限于我国铁路行业对安全生产等方面的考虑，研究成果的现场测试和应用试验比较困难；（2）国内已有的万吨重载列车在复杂路况下的自动驾驶研究成果大多数限于算法和软件仿真的方式进行验证，缺乏通过搭建（半）实物模拟仿真平台进行实验验证的成果，几乎没有开展装车推广应用试验方面的报告。上述两点将在一定程度上影响理论研究成果与实际工程应用之间的充分对接。除上述两点之外，万吨重载列车自动驾驶系统研制过程中还存在许多极具挑战的关键技术，例如起伏坡道上的列车平稳控制、长大下坡过程中的列车空气制动循环控制，以及基于列车纵向动力学建模的车钩安全实时预测等都暂未取得突破性进展，更未得到车载应用的验证。

因此，针对万吨重载列车自动驾驶研究过程中的上述困境，探索一套切实可行的万吨重载列车自动驾驶算法设计与装车应用方法，并将其推广应用到相关的轨道交通系统和其他领域，对进一步提高轨道交通服务质量和智能化水平，保持我国轨道交通装备和技术在国际上的先进性具有重要的理论指导意义和应用价值。

1.2.2 研究展望

重载列车驾驶操纵同时面临着运行线路蜿蜒起伏、车身超长超重、空气制动大迟滞三大难题，导致重载列车智能驾驶操纵优化研究充满挑战。重载列车驾驶操纵优化研究的主要难点为：准确的车钩力实时预测，动态多约束下的最优速度曲线在线设定，长大下坡循环空气制动控制及平稳精确的速度跟踪控制。因此，进一步改进项目研究成果的应用效果，有以下理论、应用问题有待探索和突破：(1) 重载列车运行场景细分和提取，并结合专家经验给出各运行场景的驾驶操作安全逻辑，以保障重载列车智能驾驶运行过程的安全。(2) 重载列车驾驶操作过程中机车平稳退流控制方法研究，为解决长大重载列车在坡道起伏的线路区段纵向冲动频繁的问题，提供效果好、可行性强的智能驾驶策略[167]。(3) 长大下坡循环空气制动控制研究，为解决长大重载列车在长大下坡区段极易发生驾驶操纵安全事故的问题，研究重载列车的长大下坡安全、可靠的优化操纵方法，对实现重载列车全程安全平稳运行具有重要的应用价值[168]。(4) "大秦铁路"开行的主力重载列车为 2 万吨重联重载列车，且研究 3 万吨重联重载列车是国家战略需求[169]，因此，研发重联机车协同平稳控制技术，对提高万吨重载列车运行安全性、平稳性和效率具有重要应用价值的同时，也为国家开行 3 万吨重载列车战略需求的实施提供强有力的技术保障。

1.3 磁浮列车智能优化控制技术

磁浮轨道交通是我国"十四五"交通规划中构建绿色智慧城市交通的关键技术之一。磁浮列车相对传统轮轨交通具有低碳节能、建设成本低、工期短、选线灵活、占地少等优势，为我国构建绿色智慧城市交通网络提供了一种理想方案。

1.3.1 国内外研究现状与发展

近年来，我国轨道交通行业迅猛发展，运营速度和里程都已居世界前列，但同时也带来了能耗过大、沿途噪声污染的问题。目前我国正处于经济转型的重要阶段，轨道交通系统能耗巨大、碳排放量过高的现状，难以满足国家发展低碳绿色交通体系的战略需求。磁悬浮列车具有非接触、无噪声、转弯半径小等特点，相比传统的轮轨交通系统在乘坐舒适性、线路适应性和降低运行能耗等方面优势显著。磁悬浮技术既是国际竞争的战略高地，也是我国构建绿色、智慧城市交通的重要组成部分。

20 世纪 60 年代，德国和日本开启了磁悬浮轨道交通技术研究，磁悬浮技术在许多国家得到发展与应用。2003 年，我国引进德国技术在上海建成了运行时速达到 430 km 的高速磁浮列车示范运营线[170-171]。此后磁悬浮技术在我国经历了快速发展时期，截至 2021 年 12 月我国磁悬浮轨道交通运营线路总里程 57.7 km[172]。传统的磁浮轨道交通系统主要包括电磁悬浮和电动悬浮两种类型，永磁悬浮（permanent magnet maglev，PMM）是近年提出的一种磁悬浮轨道交通新制式，并已取得一些重要研究成果。杨杰等人[173]于 2014 年介绍了一种新型的 PMM 轨道交通系统，PMM 列车实现了"零功率"悬浮，比传统的磁悬浮列车节约运行能耗 30% 以上。2022 年 8 月，由江西理工大学牵头自主研制的世界首条 PMM 轨道交通工程示范线竣工通车。相比其他轨道交通制式，PMM 轨道交通具有节能环保、成本低、工期短、选线灵活、占地少等优势，是解决城市最后一公里公共交通的理想方案。

中低速磁悬浮是城市轨道交通的重要类型，全自动运行（FAO）控制系统是其重要组成部分，保障磁浮列车安全高效的紧密追踪运行。精确、平稳地跟踪设定的理想目标运行曲线是 FAO 系统的关键控制目标之一，保证列车安全、平稳、准点运行的同时节约列车运行能耗[174]。近年来，列车速度曲线跟踪优化控制是轨道交通智能驾驶领域的一个研究热点。Kersbergen 等人[175]提出一种分布式模型预测控制方法以减少铁路网络延误及降低延误对线路运营效率的干扰。宁滨院士等人[62]提出一种基于非线性映射反馈的列车分布式控制方法，保障高速列车在移动闭塞下的安全高效追踪运行。高自友等人[176]给出一种基于分布式信息传递的列车追踪运行分布式最优控制方法，进行高速列车高效速度控制。鲁工圆等人[177]提出列车运行时空轨迹优化模型，为在列车最优时空轨迹基础上分析追踪间隔时间影响因素及压缩措施提供支撑。刘伯鸿等人[178]提出一种基于自抗扰控制的高速列车速度控制算法，以提高列车在外界位置干扰下的速度跟踪控制精度。刘鸿恩等人[120,179]提出高速列车追踪运行多目标优化建模方法，有效描述列车追踪运行环境特征和优化控制特点，并给出多列车追踪特征建模和协同优化控制方法，通过可靠描述多列车追踪运行控制量所受非线性约束关系和在线多目标预测控制，提升铁路线路区间整体的运行效率、节能效果和运行品质。

上述研究成果对磁浮列车的速度跟踪控制有重要参考意义。磁悬浮系统通过磁浮力相吸引（相排斥）构成无接触的车轨耦合关系，比传统的轮轨交通系统存在更为复杂多变的纵向动力学关系，列车控制特征和运行状态易受外部干扰因素的影响。针对列车运行时存在不确定的外部干扰问题，Wang 等人[180]采用拓扑图表示列车内部纵向动力学关系并设计了一个分布式巡航器，以消除外部扰动对列车运行控制的影响，提高了列车运行安全性及效率。龙志强等人[181]根据磁悬浮列车轨道线路的约束和乘坐舒适性的要求，提出基于自抗扰控制的磁浮列车自动驾驶控制策略，仿真验证了 ADRC 算法相比传统 PID 等在磁浮列车平稳控制方面的优越性。针对列车运行打滑问题，Kadowaki 等人[182]提出了一种基于扰动观测器和无传感器矢量控制系统，并且应用于日本一家铁路公司 205-5000 系列的列车上，验证了该方法具有很好的防滑作用。Ji 等人[183]设计了一种 AILC 策略，将列车未知延时结合到延误分析的速度中，以实现列车在控制延时和输入饱和情况下的期望速度控制。

PMM 列车的永磁悬浮方式属于被动悬浮制式，比电磁悬浮的主动悬浮制式更易受到外界因素干扰，因此要实现 PMM 列车运行速度的平稳精确控制面临更大挑战。然而，现有的列车速度跟踪控制研究大多集中在高速列车、地铁等传统轮轨系统，鲜有关于 PMM 列车的速度鲁棒精确跟踪控制方面的研究成果。本书提出一种基于参数自整定 ADRC 的 PMM 列车速度跟踪鲁棒控制方法，以解决 PMM 列车在复杂干扰下的安全平稳智能驾驶运行控制问题。为了有效地描述 PMM 列车控制力的非线性滞后特性，建立了 PMM 列车的纵向动态模型，并基于该动态模型设计了自抗扰控制器，利用 BP 神经网络对自抗扰控制器中扩展状态观测器的参数进行自整定。本书方法对解决其他相关复杂系统的鲁棒控制问题有较大应用价值。

1.3.2 研究展望

磁浮列车的虚拟编组控制规律，是磁浮列车智能控制的核心和难点问题。虚拟编组的磁浮列车在紧密追踪运行过程中，运行环境复杂多变、列车工况变化频繁，某列车的运行工况变化都会引发相邻列车追踪控制量的变化；磁浮列车不具备轮轨车辆的轨道电路占用检测功能，磁浮列车追踪运行的追尾安全防护面临更大挑战。设计虚拟编组下磁浮列车的追踪运行耦合状态（相对速度、间隔距离等）观测机制，并根据观测结果建立虚拟编组列车追踪特征模型，有效描述列车运行状态耦合对列车控制量的约束作用，是磁浮列车智能控制的重要研究方向。

磁浮列车虚拟编组追踪控制需满足安全高效、节能舒适等运行多目标，列车追踪运行过程中动态调整列车个体与车队整体的控制策略；各列车面临的运行环境（坡道、弯道、临时限速等）不一致且运行状态强耦合，使得车队控制量的设定受到复杂动态异构运行环境的约束，传统的列车优化控制方法难以解决该类复杂问题。研究探索虚拟编组下磁浮列车的追踪行为调整策略和车队的多目标分层协同优化控制方法，是磁浮列车智能控制的重要研究目标。

2 高速列车动力学建模方法改进

高速列车追踪运行过程是一个动态多约束下多种力相互作用、作用力大小和模式动态变化的位移过程，使得高速列车运动过程的动力学建模研究面临受力来源不确定、非线性力学关系复杂多变、列车追踪运行控制系统实时性要求高等多重挑战。仅通过列车受力分析，推导列车所受合力、速度、位移、时间等状态变化量的建模方式，难以有效可靠地描述高速列车运行过程的动力学特性。

考虑本书研究过程中采集了高速列车的大量现场运行数据，数据驱动建模方法成为本书动力学建模的重要方式。同时，建模效率能否满足高速列车追踪运行控制系统的实时性要求，是本书选择数据驱动建模方法的重要考量指标之一。

ESNs 是一类采用新型结构的递归神经网络，由 Jaeger 等人于 2001 年提出[184]。ESNs 具备出色的记忆功能和建模效率，在处理多类现实应用问题中展现了巨大的潜力，包括时间序列预测[185-186]，复杂系统辨识[187-188]，非线性动态系统控制等[189-190]。然而，ESNs 在取得许多重要应用成果的同时，在随机权值设定策略方面的不足也不容忽视。传统的随机权值设定方式通常是将输入、内部连接权值在一个固定的取值区间内（通常为 $[-1, 1]$）随机赋值，然后固定这些权值并对输出权值进行训练求值。但是，研究发现，合适的连接权值取值范围的设定与随机权值神经网络的学习能力密切相关[191]。

本书结合高速列车运行数据是典型的非线性时间序列的特点，利用 ESNs 在时间序列建模方面的优势进行高速列车动力学建模。针对基于传统 ESNs 的高速列车建模方法存在的上述不足，本章提出了 ESNs 输入、内部权值矩阵收缩因子的优化设定策略。该策略采用粒子群优化算法，分别给出双参数单目标、双参数双目标、三参数单目标及三参数双目标优化的随机权值矩阵收缩因子优化算法。同时，利用这些优化算法在标准数据集和高速列车现场运行数据集上开展仿真实验，量化 ESNs 随机权值收缩因子的赋值对其非线性时间序列预测性能的影响。实验结果较好地验证了本章所提出基于 ESNs 的高速列车建模方法改进策略的有效性。

2.1 问 题 描 述

2.1.1 高速列车动力学模型描述

高速列车是一个非线性时滞系统，再加上控制输入饱和及时变速度延时的影响，使得高速列车动力学系统的输入输出之间具有前后时间关联性。因此，一种更加可靠的方式是采用如下非线性关系式描述高速列车的动力学特性[183]：

$$y(t) = f(y(t-1), \cdots, y(t-n_y), u(t-T_d), \cdots, u(t-T_d-n_u+1)) + \omega(t)$$

$$(2-1)$$

式中，f 为代表上述动力学特性的连续非线性函数，可采用递归神经网络进行逼近；u、y、ω 分别为系统的测量输入、输出和噪声；T_d 为系统时滞；n_u、n_y 分别为系统输入和系统输出的阶次。

式（2-1）中的系统表达式是常用的非线性系统自回归滑动平均（auto regressive moving average，ARMA）模型的一种简化形式，而经典的时间序列模型就包含了 ARMA 模型等[192]。由此可见，高速列车运行数据是一类典型的时间序列。

本书采用 ESNs 作为高速列车动力学建模方法，充分利用 ESNs 在时间序列建模方面的优势，以提高本书高速列车动力学建模的效率和精度。可将基于 ESNs 的高速列车动力学模型描述如下：

$$Y(t) = f_{ESNs}(X(t-1), Z(t)) + \omega(t) \tag{2-2}$$

式中，$Y(t)$、$X(t-1)$、$Z(t)$ 分别为模型输出、内部状态和输入；f_{ESNs} 为由 ESNs 逼近的高速列车动力学特性。

2.1.2 回声状态神经网络数学模型

2.1.2.1 基于 ESNs 的高速列车动力学模型描述

ESNs 作为一种高效、鲁棒的递归神经网络，已成功应用于复杂系统的建模。在实际应用中，式（1-1）中 W_{back} 代表 ESNs 标准结构中一个可选择性添加的输出反馈连接部分。不带输出反馈连接的 ESNs 是 Jaeger 在 2001 年提出的 ESNs 的一种简化形式，也在许多研究中得到广泛应用[44,46]。

本书针对 HST 运行系统的特征及其稳定性，以及考虑到 ESNs 结构中带输出反馈可能造成系统不稳定的问题[39]，在本书后续研究中将采用不带输出反馈的 ESNs 结构，即 $W_{back} = 0$。由此，可将基于 ESNs 的高速列车动力学模型描述如下：

$$X(t+1) = \sigma(W_{in}^T Z(t+1) + WX(t) + B) \tag{2-3}$$

$$Y(t+1) = g(W_{out}^T X(t+1)) \tag{2-4}$$

式中，W_{in} 为 $k \times L$ 的输入权值矩阵；W 为 $L \times L$ 的内部神经元连接权值矩阵；W_{out} 为 $L \times n$ 的输出连接权值矩阵；σ 为内部激活函数，通常选用 sigmoid 函数；g 通常选用辨识函数或者与 σ 一致。

2.1.2.2 ESNs 随机权值矩阵描述

考虑到 ESNs 的建模性能与 W_{in} 和 W 的收缩系数密切相关，为了深入探究这种关系，首先将式（2-3）中权值矩阵表述如下：

$$W_{in} = \lambda_1 w_{in}, W = \lambda_2 w_0, B = \lambda_1 b_0 \qquad (2-5)$$

式中，w_{in}、w_0、b_0 为在 $[-1,1]$ 区间内随机取值的矩阵；λ_1，$\lambda_2 \in R^+$ 为这些权值矩阵的收缩因子。

依据式（2-5），可通过调整这些收缩因子的方式来优化 ESNs 的建模性能。

2.1.2.3　ESNs 逼近定理

在文献 [37] 中，已经采用数学方式证明递归神经网络能够以任意精度逼近非线性映射，但是 ESNs 作为一类采用新型结构的递归神经网络，上述逼近定理没有普及到 ESNs。接下来，根据文献 [193] 给出的理论结果，可推断出，在均匀有界的随机输入作用下，ESNs 能够以任意精度逼近因果、时不变衰落记忆映射，可描述如下：

令 $Z: I_n^Z \rightarrow (R^m)^Z$ 为一个具有衰变记忆特性的因果时变映射，则对于任意的 $\varepsilon > 0$ 和权值序列，存在 ESNs

$$\begin{cases} x(t) = \sigma(Ax(t-1) + Cu(t) + b) \\ y(t) = Wx(t) \end{cases} \qquad (2-6)$$

与相关的广义映射 $Z_{ESN}: I_n^Z \rightarrow (R^m)^Z$ 满足如下：

$$\| Z - Z_{ESN} \|_\infty < \varepsilon \qquad (2-7)$$

式中，$A \in Q_{N,N}$，$C \in Q_{N,n}$，$W \in Q_{m,N}$，$b \in R^N$，$N \in N$。

内部激活函数 $\sigma: R^N \rightarrow [-1,1]^N$ 通过连续压扁函数 $\zeta: R \rightarrow [-1,1]$ 进行综合应用构造，并且假设该 ESNs 满足回声状态特性。那么，存在一个必然时变的映射 D_{ESN}，以及对应的储存池函数 $F_{ESN}: I_n^Z \rightarrow R^m$ 满足：

$$\| F_D - F_{ESN} \|_\infty < \varepsilon \qquad (2-8)$$

即 ESNs 具备通用逼近性能。

2.1.3　随机权值优化设定策略

传统的 ESNs 通常在一个固定的取值区间内（比如 $[-1,1]$）对连接权值矩阵 W 进行随机赋值，然后对 W 进行收缩以满足权值矩阵的谱半径小于单位值。这样的连接权赋值方式将会在一定程度上约束 ESNs 对某些类型非线性系统的建模能力。

为解决上述问题，本章探索出一种有效可靠的 ESNs 随机权值矩阵优化赋值策略，为 ESNs 的连接权值矩阵找到最佳收缩因子组合（λ_1，λ_2），以取代传统 ESNs 在一个固定区间内进行随机权值盲目赋值的方式。此外，考虑到 ESNs 的预测性能对收缩因子的取值大小比较敏感，所以为最优收缩因子从二维赋值平面内找到一块合适的赋值区域（在此假设为一个半径为 ρ_c），对提高 ESNs 建模性能的可靠性具有重要意义，筛选最佳双参数组合（λ_1，λ_2）和三参数组合（λ_1，λ_2，ρ_c）的优化策略可描述如下。

2.1.3.1 评价指标定义

ESNs 模型预测均方根误差（RMSE）和协方差（SD）作为筛选最佳收缩因子的评价指标。

（1）对于双参数优化策略，评价指标定义如下：

$$f_{e,1} = \left[\frac{1}{N} \sum_{i=1}^{N} (y_i - y_{i,t})^2 \right]^{1/2} \tag{2-9}$$

$$f_{s,1} = \left[\frac{1}{N} \sum_{i=1}^{N} (y_i - \mu)^2 \right]^{1/2} \tag{2-10}$$

式中，$f_{e,1}$、$f_{s,1}$ 分别为 RMSE 和 SD 的评价指标；N 为每对参数组合（λ_1，λ_2）独立实验的运行次数；y_i、$y_{i,t}$ 分别为预测输出和目标输出；μ 为 N 次运行预测输出 y_i 的平均值。

（2）对于三参数优化策略，评价指标定义如下：

$$f_{e,2} = \left[\frac{1}{C} \sum_{i=1}^{C} (y_i - y_{i,t})^2 \right]^{1/2} \tag{2-11}$$

$$f_{s,2} = \left[\frac{1}{C} \sum_{i=1}^{C} (y_i - \mu_c)^2 \right]^{1/2} \tag{2-12}$$

其中
$$C = M * N$$

式中，μ_c 为 C 次预测输出结果的平均值；M 为均匀地取自圆形区域中的（λ_1，λ_2）参数的组数；N 为每对参数组合（λ_1，λ_2）独立实验的运行次数。

2.1.3.2 ESNs 随机权值收缩因子优化策略

基于上述评价指标，设计四种 ESNs 随机权值收缩因子优化策略，分别为双参数-单目标优化策略、双参数-双目标优化策略、三参数-单目标优化策略和三参数-双目标优化策略，具体的优化策略描述见表 2-1。

表 2-1 ESNs 权值收缩因子优化策略

项　　目	单目标（RMSE）	双目标（RMSE, RD）
双参数优化（λ_1，λ_2）	双参数-单目标优化	双参数-双目标优化
三参数优化（λ_1，λ_2，ρ_c）	三参数-单目标优化	三参数-双目标优化

依据表 2-1 与式（2-9）~式（2-12），可将四种优化策略描述如下：

（1）双参数-单目标优化策略。双参数-单目标优化策略通过选择最佳参数 λ_1 和 λ_2 以实现模型预测精度最高的目标，最优参数组合通过式（2-13）适应度函数 f_1 进行选择。

$$f_1 = f_{e,1}(\lambda_1, \lambda_2) \tag{2-13}$$

（2）双参数-双目标优化策略。最优参数组合（λ_1，λ_2）的 Pareto 解集通过式（2-14）定义的适应度函数筛选得到，以保证优化后的 ESNs 具有出色的预测精度和可靠性。然后，最优参数组合依据式（2-15）中的评价指标从 Pareto 解集中筛选得到。

$$F_2 = [f_{e,1}(\lambda_1, \lambda_2), f_{s,1}(\lambda_1, \lambda_2)] \tag{2-14}$$

$$f_2 = \gamma_1 f_{e,1} + (1 - \gamma_1) f_{s,1} \tag{2-15}$$

式中，F_2 为适应度值向量；γ_1 为加权系数；f_2 为加权后的适应度值。

（3）三参数-单目标优化策略。为了从参数组合（λ_1，λ_2）所在的二维平面上找出最优参数所在的圆形区域，在此将上述参数寻优问题转化为一个三参数优化问题。接下来，最优三参数组合（λ_1，λ_2，ρ_c）将依据式（2-16）的评价函数 f_3 进行选择。

$$f_3 = f_{e,2}(\lambda_1, \lambda_2, \rho_c) \tag{2-16}$$

（4）三参数-双目标优化策略。在该优化策略中，参数组合（λ_1，λ_2，ρ_c）的 Pareto 解集根据式（2-17）的评价指标进行筛选。与上述（2）中的优化策略类似，最优解依据式（2-18）中定义的加权适应度函数值，从 Pareto 解集中筛选得到。

$$F_4 = [f_{e,2}(\lambda_1, \lambda_2, \rho_c), f_{s,2}(\lambda_1, \lambda_2, \rho_c)] \tag{2-17}$$

$$f_4 = \gamma_2 f_{e,2} + (1 - \gamma_2) f_{s,2} \tag{2-18}$$

式中，F_4 为适应度值向量；f_4 为加权后的适应度值；γ_2 为加权系数。

2.2　算法实现

利用粒子群优化算法计算效率高、收敛性较好的优势，四种 ESNs 随机权值收缩因子优化策略基于上述评价指标进行高速列车多目标最优模型参数设定，得到最优化结果。

2.2.1　粒子群优化算法

2.2.1.1　算法寻优机理

粒子群算法是一种群智能优化算法，通过个体与种群之间的信息交互，采用并行、随机搜索的方式寻找最优解[194]。

在粒子寻优过程中，它的当前位置 $j = 15$ 由它当前速度 $i = d$ 和上一个的位置 $i = c$ 决定，且在每一轮的寻优过程中找到的粒子最优位置和种群最优位置都将存储下来。各个粒子的速度、位置通过粒子之间的信息交互完成更新，以引导粒子朝着全局最优解的位置运动。

具体的寻优机理如下：

$$v_i(t+1) = \omega v_i(t) + \varphi_1 r_1 [\boldsymbol{pb}_i(t) - \boldsymbol{s}_i(t)] + \varphi_2 r_2 [\boldsymbol{gb}(t) - \boldsymbol{s}_i(t)]$$

$$\boldsymbol{s}_i(t+1) = \boldsymbol{s}_i(t) + \boldsymbol{v}_i(t+1) \tag{2-19}$$

$$\omega = \omega_{\max} - (\omega_{\max} - \omega_{\min}) t / T_{\max}$$

式中，v_i、s_i 为粒子 i 的速度和位置向量；$\boldsymbol{pb}_i(t)$、$\boldsymbol{gb}(t)$ 分别代表粒子 i 和种群到当前迭代次数 t 为止所经历的最优位置；φ_1、φ_2 为在 $[1,2]$ 区间内赋值的加速度系数；r_1、r_2 为在 $[0,1]$ 区间内均匀分布的随机数；ω 为动态权重；$T_{\max}$ 为最大迭代次数。

2.2.1.2 多目标优化的非劣解筛选

多目标优化是指使多个目标在给定区域同时尽可能最佳，多目标优化的解通常是一组均衡解（即一组由众多 Pareto 最优解组成的最优解集合，集合中的各个元素称为 Pareto 最优解或非劣最优解）。

（1）非劣解：多目标优化问题并不存在一个最优解，所有可能的解都称为非劣解，也称为 Pareto 解。

（2）Pareto 最优解：无法在改进任何目标函数的同时不削弱至少一个其他目标函数，这种解称为非支配解或 Pareto 最优解。

假设多目标优化问题的两个解 χ_1 和 χ_2 满足：χ_1 在各项评价指标上都不比 χ_2 差，且 χ_1 至少在某一个评价指标上要严格好于 χ_2，可描述如下[195]：

$$\begin{cases} \forall \quad i \in \{1,2,\cdots,N_o\}, \quad f_i(\chi_1) \leqslant f_i(\chi_2) \\ \exists \quad j \in \{1,2,\cdots,N_o\}, \quad f_j(\chi_1) < f_j(\chi_2) \\ i \neq j \end{cases} \tag{2-20}$$

式中，N_o 为优化目标。

那么就可以判定解 χ_1 主导解 χ_2，即 $\chi_1 \prec \chi_2$。

如果没有解满足 $\chi' \prec \chi_1$，那么就判定 χ_1 为 Pareto 解，其中 $\chi_1, \chi' \in S_o$，S_o 为解集搜索空间，χ' 代表 S_o 中除 χ_1 之外的其他解。所有 Pareto 解组成 Pareto 解集 A_p。

在多目标优化问题中，Pareto 平衡点和解集的存在性也是需要确认的重要问题。目前已有许多研究成果提供了 Pareto 最优解存在的充分条件。例如，文献[194]中的定理 3.2 基于不动点理论给出了多目标优化 Pareto 解的存在定理。

2.2.1.3 算法收敛性

在粒子群优化算法寻优过程中，粒子群体在一定条件下能够收敛到种群最优位置 $\boldsymbol{gb}$ 的收敛性，是粒子群算法寻优性能的基础条件。目前已有一些针对这个问题的研究成果，例如文献[196]中的定理 5，采用随机过程理论证明了粒子群算法的收敛性。

2.2.2 算法实现步骤

表 2-1 中四种优化策略对应的算法步骤如算法 2-1 ~ 算法 2-4 所示。其中，

四种算法中的重复步骤不进行赘述，以简化算法步骤的表述。

2.2.2.1　算法2-1：ESNs 的双参数-单目标优化算法

首先，对 ESNs 的初始权值矩阵和偏置值在［－1，1］内进行随机赋值（用 W_1 表示）如下：

$$W_1 = \{w_{in}, w_0, b_0\} \tag{2-21}$$

考虑到连接权值的随机性将对权值优化结果有一定的影响，因此 W_1 在同一个迭代周期中的各轮独立实验中保持不变，以避免随机权值赋值随机性影响优化结果的可靠性。由此，基于式（2-5）和式（2-21），对 W_1 进行缩放，缩放后的权值矩阵表述为 W_2：

$$W_2 = \{\lambda_1 w_{in}, \lambda_2 w_0, \lambda_1 b_0\} \tag{2-22}$$

式中，λ_1、λ_2 为待优化参数。

设定一个足够大的寻优范围，然后基于该寻优范围及式（2-9）和式（2-10）中定义的评价指标，给出算法2-1的具体实现步骤列入表2-2中。

表2-2　ESNs 双参数-单目标优化算法执行流程

算法名称	ESNs 双参数-单目标优化算法
算法输入	训练数据，神经元个数 L，收缩因子搜索空间
算法输出	最优参数组合（λ_1，λ_2）
算法流程	步骤1：初始化种群 Sw_0，依据式（2-9）得到初始种群的适应度值 $\{f_{e,0}\}$，由此得到粒子和种群的最优位置和适应度值 $\{p_b, f_{pb}, g_b, f_{gb}\}$； 步骤2：迭代更新粒子状态和适应度值，得到粒子最优状态和适应度值，并依次更新种群最优状态和适应度值： 步骤2-1：依据式（2-19）更新种群的速度 v 和位置 P 向量得到当前时刻的种群 Sw_t，同样依式（2-9）得到当前种群的适应度值 $\{f_{e,t}\}$； 步骤2-2：更新粒子最优位置，若粒子 j 满足 $f_{e,t}(j) < f_{pb}(j)$，则将 $f_{e,t}(j)$ 和 $Sw_t(j)$ 作为粒子最优适应度值和状态，$f_{pb}(j) = f_{e,t}(j)$，$p_b(j) = Sw_t(j)$；否则保持粒子最优状态 $p_b(j)$ 不变； 步骤2-3：依据步骤2-2中的更新结果，更新种群适应度值 f_{gb} 和最优状态 g_b； 步骤3：返回步骤2，进行下一次迭代计算； 步骤4：判断步骤2-3中种群最优 f_{gb} 和 g_b 连续 N_i 次迭代中保持不变，或者达到迭代次数，则算法结束，输出优化结果

2.2.2.2　算法2-2：ESNs 的双参数-双目标优化算法

依据上述非劣解的判断方法，进行双参数-双目标优化，得到最优参数组合的 Pareto 解集 A_p，将解集 A_p 的适应度函数值向量表示为 $f_{Ap} = [f_e, f_s]$。然后，依据式（2-15）中定义的适应度值加权方式，从解集 A_p 中挑选出最佳解 s_o。算法2-2的具体实现步骤见表2-3。

表 2-3   ESNs 双参数-双目标优化算法执行流程

算法名称	ESNs 双参数-双目标优化算法
算法输入	训练数据，神经元个数 L，收缩因子搜索空间
算法输出	最优参数组合（λ_1，λ_2）的 Pareto 解集 A_p
算法流程	步骤1：初始化种群 $\{Sw_0, p_b, g_b\}$，依据式（2-9）和式（2-10）得到初始种群的适应度值 $\{f_{e,0}, f_{s,0}\}$，结合式（2-22）得到粒子和种群最优位置和适应度值的集合 $\{A_p, f_{Ap}\}$； 步骤2：迭代更新粒子状态和适应度值，得到粒子最优状态和适应度值，并依次更新种群最优状态和适应度值； 步骤2-1：采用算法 2-1 中的步骤 2-1，结合式（2-9）和式（2-10），更新得到当前时刻的种群 Sw_t 及其适应度值 $\{A_p, f_{Ap}\}$； 步骤2-2：采用算法 2-1 中的步骤 2-2 和步骤 2-3，结合式（2-22），更新得到当前最优解集 A_p 及其适应度值 f_{Ap}； 步骤2-3：依据步骤 2-2 中的更新结果，更新种群最优状态 g_b 及其适应度值 f_{gb}； 步骤3：返回步骤 2，进行下一次迭代计算； 步骤4：采用算法 2-1 中的步骤 4，得到优化结果

2.2.2.3 算法 2-3：ESNs 的三参数-单目标优化算法

ESNs 的三参数-单目标优化算法同时考虑三个优化参数 λ_1，λ_2 和 $\hat{X}(t+i\tau)$，即收缩因子组合（λ_1，λ_2）取自参数平面内半径为 $\hat{X}(t+i\tau)$ 的圆形区域，且将该圆形区域内的参数组合（λ_1，λ_2）的集合用 A_ρ 表示，算法 2-3 的具体步骤见表 2-4。

表 2-4   ESNs 三参数-单目标优化算法执行流程

算法名称	ESNs 三参数-单目标优化算法
算法输入	训练数据，神经元个数 L，收缩因子搜索空间
算法输出	最优参数组合（λ_1，λ_2，ρ_c）
算法流程	步骤1：初始化种群 Sw_0，依据式（2-11）得到初始种群的适应度值 $\{f_{e,0}, A_{\rho 0}\}$，并采用算法 2-1 中的步骤 1 得到粒子和种群最优位置和适应度值的集合 $\{p_b, f_{pb}, g_b, f_{gb}\}$； 步骤2：采用算法 2-1 中的步骤 2-1 更新得到当前时刻的种群 Sw_t，结合式（2-11），得到粒子最优位置及其适应度值 $\{A_{\rho,t}, f_{e,t}\}$； 步骤3：采用算法 2-1 中的步骤 2-2 和步骤 2-3，更新粒子最优 $p_b(j)$ 和种群最优 g_b； 步骤4：采用算法 2-1 中的步骤 3 和步骤 4，更新并得到优化结果

2.2.2.4 算法 2-4：ESNs 的三参数-双目标优化算法

最优参数组合（$\lambda_1, \lambda_2, \hat{X}(t+i\tau)$）依据式（2-11）和式（2-12）定义的评价指标进行筛选，同理，且将该圆形区域内的参数组合（λ_1，λ_2）的集合用 A_ρ 表示。算法 2-4 的具体步骤见表 2-5。

表 2-5　ESNs 三参数-双目标优化算法执行流程

算法名称	ESNs 三参数-双目标优化算法
算法输入	训练数据，神经元个数 L，收缩因子搜索空间
算法输出	最优参数组合（λ_1，λ_2，$\hat{X}(t+i\tau)$）的 Pareto 解集 A_p
算法流程	步骤 1：初始化种群 $\{Sw_0,\ p_b,\ g_b\}$，依据式（2-11）和式（2-12）得到初始种群的适应度值 $\{f_{e,0},\ f_{s,0},\ A_{\rho,0}\}$，结合式（2-22）得到粒子和种群最优位置和适应度值的集合 $\{A_p,\ f_{Ap}\}$； 步骤 2：随机初始化种群最优位置 g_b，然后采用算法 2-1 中的步骤 2-1，结合式（2-11）和式（2-12），更新得到当前时刻的种群 Sw_t 及其适应度值 $\{f_{e,t},\ f_{s,t},\ A_{\rho,t}\}$； 步骤 3：采用算法 2-2 中的步骤 2-3，更新粒子最优位置 g_b 及种群最优解 A_p； 步骤 4：采用算法 2-2 中的步骤 3 和步骤 4，得到优化结果

2.3　实验验证

仿真实验基于 Mackey-Glass 时间序列数据集（简称为 MGS 数据集）和从高速列车运行现场采集的高速列车运行数据集（简称为 HST 数据集）进行。在此开展仿真实验验证算法 2-1 ~ 算法 2-4 优化后的 ESNs（IESNs，对应分别命名 IESNs-Ⅰ，IESNs-Ⅱ，IESNs-Ⅲ和 IESNs-Ⅳ）在非线性时间序列建模方面的性能提升效果。

此外，通过收缩系数变化和储存池规模 L 变化两种情况下的鲁棒分析实验，验证 IESNs 相对传统 ESNs 在建模鲁棒性方面的改进效果。

2.3.1　实验设置

采用通用的基准测试实验参数设置，以及按照高速列车速度预测实验设置中的方式进行高速列车现场数据集的处理。同时，依据粒子群算法优化结果收敛性充分条件，将优化算法的参数设置为 $w_{max}=0.9$，$w_{min}=0.4$，$\varphi_1=\varphi_2=1.5$，$T_{max}=30$，种群规模为 $N_p=30$。仿真实验在 MATLAB R2016b 平台上进行，运行平台的配置为 64 位操作系统，采用 Intel Core™ i6 - 7500U CPU，2.70 GHz 处理器和 8 GB 运行内存。

2.3.1.1　MGS 时间序列预测实验设置

MGS 时间序列预测被广泛作为基准测试实验，用于测试 ESNs 在非线性动态系统建模中性能。在这个测试中，MGS 数据集由式（2-23）中的延时差分方程生成。

$$\dot{x}(t)=\frac{\alpha x(t-\tau)}{1+x^{m_o}(t-\tau)}+\beta x(t) \tag{2-23}$$

式中，α、β、τ、m_o 为 MGS 生成的一般参数设置，$\alpha=0.2$，$\beta=-0.1$，$\tau=17$，

$m_o = 10$，初始条件 $x(0) = 1.2$。

该测试实验的目标是利用 IESNs 建立 Mackey-Glass 系统的模型，使得所建立 ESNs 模型的预测输出 $x(t + \hat{p})$ 能够基于历史输入 $\{x(t), x(t - \Delta t), x(t - 2\Delta t), x(t - 3\Delta t)\}$，精确跟踪上 Mackey-Glass 系统的输出。可将预测模型描述如下：

$$x(t + \hat{p}) = \hat{g}(x(t), x(t - \Delta t), x(t - 2\Delta t), x(t - 3\Delta t)) \tag{2-24}$$

式中，$\hat{p} = \Delta t = 6$，$\hat{g}$ 为建立的 ESNs 模型。

采集 1000 个数据点，前面 700 个数据点用于模型训练和校验，其中前 50 步训练结果删除，后面 300 个数据点用于测试，以比较 IESNs 与传统 ESNs 的非线性时间序列预测性能。

2.3.1.2 高速列车速度预测实验设置

为了验证本章所提出的高速列车动力学建模方法改进策略的有效性，利用现场采集的高速列车运行数据，采用 IESNs 开展高速列车速度预测实验。实验用到的 HST 运行数据来自国内某条高铁线路上正常运营的某一型号高速列车，数据特征如图 2-1 所示。

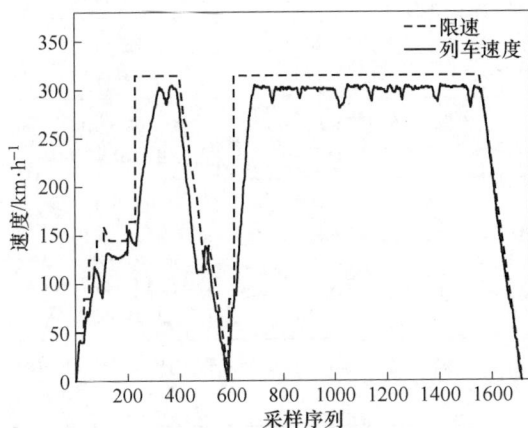

图 2-1　某条线路高速列车现场运行数据

从图 2-1 中可以看出，数据曲线在起车和到达阶段的变化趋势较大，且模型预测输出受到动态约束。然后，用图 2-1 所示的两组运行数据作为模型训练和校验数据，另外一组作为模型测试数据。

2.3.2　实验结果与分析

2.3.2.1　四种改进 IESNs 的建模性能对比实验

为了验证四种 IESNs 的建模性能提升效果，在除收缩系数之外的其他参数保持相同的情况下，开展仿真对比实验。对比实验基于 MGS 时间序列进行，储存池规模设置为 $L = 30$，仿真实验独立进行 10 轮，实验结果见表 2-6 和图 2-2。

表 2-6　四种改进 IESNs 的建模效果

T	E_m			
	IESNs-Ⅰ	IESNs-Ⅱ	IESNs-Ⅲ	IESNs-Ⅳ
1	$4.157 \times 10^{-2} \pm$ 2.976×10^{-2}	$3.904 \times 10^{-2} \pm$ 2.303×10^{-2}	$4.790 \times 10^{-2} \pm$ 5.558×10^{-2}	$6.908 \times 10^{-2} \pm$ 5.642×10^{-2}
2	$7.150 \times 10^{-2} \pm$ 6.588×10^{-2}	$7.262 \times 10^{-2} \pm$ 4.311×10^{-2}	$5.951 \times 10^{-2} \pm$ 3.305×10^{-2}	$6.267 \times 10^{-2} \pm$ 4.654×10^{-2}
3	$4.067 \times 10^{-2} \pm$ 2.023×10^{-2}	$2.811 \times 10^{-2} \pm$ 9.854×10^{-3}	$3.925 \times 10^{-2} \pm$ 3.074×10^{-2}	$4.009 \times 10^{-2} \pm$ 2.449×10^{-2}
4	$5.973 \times 10^{-2} \pm$ 6.471×10^{-2}	$8.331 \times 10^{-2} \pm$ 7.792×10^{-2}	$5.725 \times 10^{-2} \pm$ 4.965×10^{-2}	$3.663 \times 10^{-2} \pm$ 1.928×10^{-2}
5	$6.763 \times 10^{-2} \pm$ 4.479×10^{-2}	$4.760 \times 10^{-2} \pm$ 4.697×10^{-2}	$3.591 \times 10^{-2} \pm$ 2.363×10^{-2}	$3.484 \times 10^{-2} \pm$ 2.211×10^{-2}
6	$4.363 \times 10^{-2} \pm$ 2.957×10^{-2}	$5.070 \times 10^{-2} \pm$ 3.776×10^{-2}	$3.398 \times 10^{-2} \pm$ 2.199×10^{-2}	$3.579 \times 10^{-2} \pm$ 2.167×10^{-2}
7	$3.777 \times 10^{-2} \pm$ 2.011×10^{-2}	$3.739 \times 10^{-2} \pm$ 1.783×10^{-2}	$6.975 \times 10^{-2} \pm$ 8.691×10^{-2}	$5.098 \times 10^{-2} \pm$ 3.126×10^{-2}
8	$6.672 \times 10^{-2} \pm$ 4.376×10^{-2}	$5.327 \times 10^{-2} \pm$ 3.822×10^{-2}	$6.306 \times 10^{-2} \pm$ 4.029×10^{-2}	$4.668 \times 10^{-2} \pm$ 3.577×10^{-2}
9	$8.129 \times 10^{-2} \pm$ 7.119×10^{-2}	$4.478 \times 10^{-2} \pm$ 3.249×10^{-2}	$5.007 \times 10^{-2} \pm$ 4.115×10^{-2}	$5.798 \times 10^{-2} \pm$ 3.523×10^{-3}
10	$9.115 \times 10^{-2} \pm$ 1.051×10^{-1}	$3.375 \times 10^{-2} \pm$ 1.515×10^{-2}	$5.309 \times 10^{-2} \pm$ 3.912×10^{-3}	$5.578 \times 10^{-2} \pm$ 3.289×10^{-2}

注：T 为独立实验的序号，每轮独立实验运行 30 次；E_m 为由 RMSE 和 SD 组合成的综合评价指标。

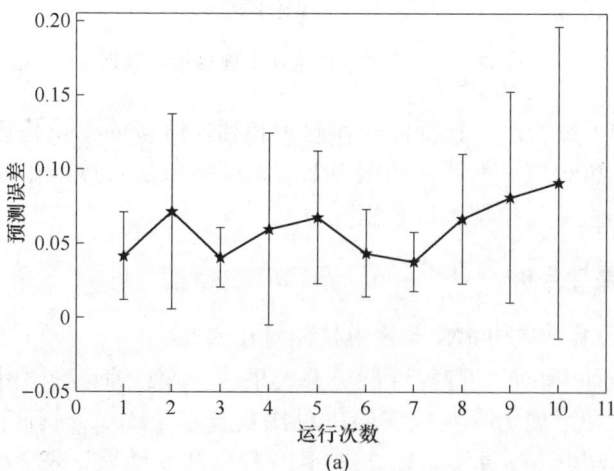

(a)

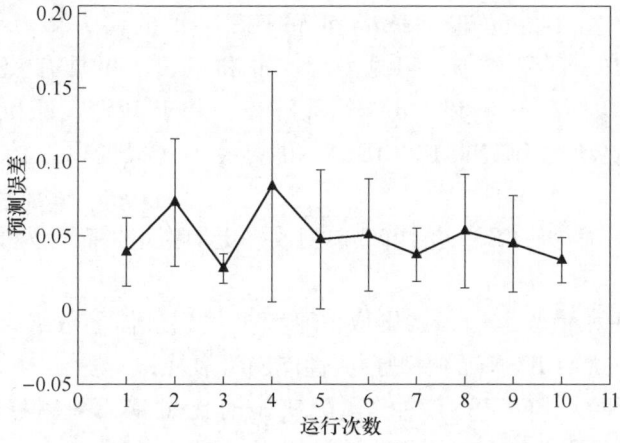

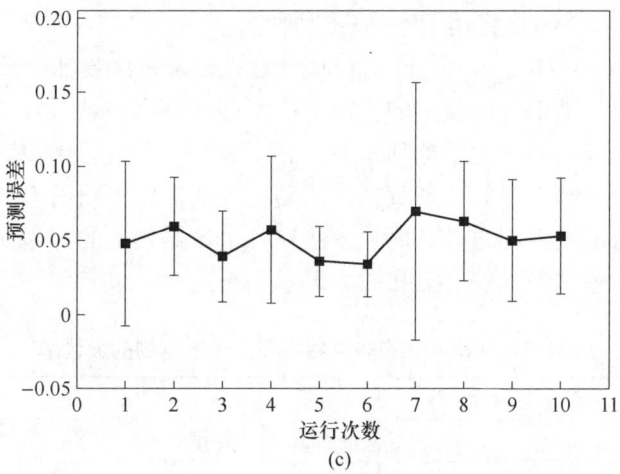

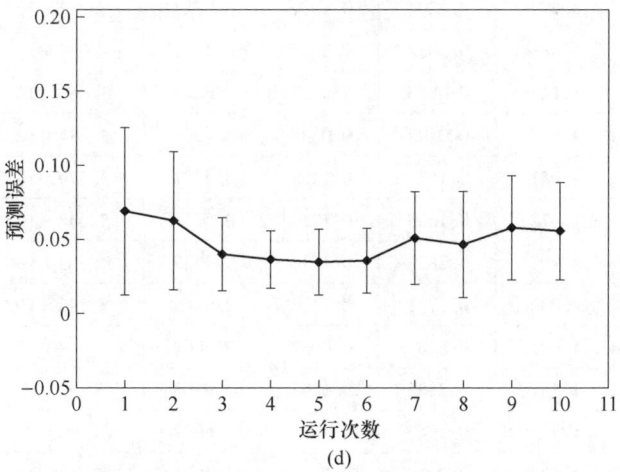

图 2-2 四种改进 IESNs 的建模性能对比

（a）IESNs-Ⅰ；（b）IESNs-Ⅱ；（c）IESNs-Ⅲ；（d）IESNs-Ⅳ

由表 2-6 和图 2-2 可知，IESNs-Ⅱ 和 IESNs-Ⅳ 的协方差 f_s 评价结果分别比 IESNs-Ⅰ 和 IESNs-Ⅲ 要小，可见 IESNs-Ⅱ 和 IESNs-Ⅳ 具有较好的建模稳定性。此外，由图 2-2（c）和（d）分析可知，基于 IESNs-Ⅲ 和 IESNs-Ⅳ 的模型预测误差的波动比 IESNs-Ⅰ 和 IESNs-Ⅱ 的要小。根据以上仿真结果与分析可知：

（1）双目标优化后 IESNs 的模型预测效果更加稳定，表现为模型预测误差的协方差更小；

（2）在随机权值收缩因子二维取值平面上找到最佳参数组合的一个圆形区域，可以提高改进后 IESNs 的模型预测性能的可靠性；

（3）从四种改进的 ESNs 建模预测实验对比发现，采用算法 2-4 改进的 IESNs-Ⅳ 在模型预测精度和可靠性方面都取得了较好的效果。

综上所述，IESNs-Ⅳ 将用于本书后续研究。

2.3.2.2　IESNs-Ⅳ、传统 ESNs 和机理建模方法的建模性能比较实验

相比于其他文献中普遍使用的传统 ESNs，IESNs-Ⅳ 的主要区别是传统的权值赋值方式被本章提出的优化策略所取代。因此，开展基于传统 ESNs 与 IESNs-Ⅳ 的时间序列预测实验，以验证本章提出的随机权值优化策略的有效性。除了随机权值矩阵的赋值范围不同之外，两种方法在各个数据集上的其他实验参数设置保持一致，仿真实验结果见表 2-7 和图 2-3（a）（b）。

表 2-7　IESNs-Ⅳ 在各类数据集上测试得到的最优解

数据集	T	λ_1	λ_2	ρ_c	ρ_w	E_m
MGS	1	**4.449**	0.2355	0.1827	0.9719	$6.908 \times 10^{-2} \pm 5.640 \times 10^{-2}$
	2	**3.071**	0.1204	0.1032	0.8027	$6.267 \times 10^{-2} \pm 4.654 \times 10^{-2}$
	3	**3.586**	0.0822	0.0614	0.4104	$4.009 \times 10^{-2} \pm 2.450 \times 10^{-2}$
	4	**3.115**	0.0856	0.0732	0.2829	$3.663 \times 10^{-2} \pm 1.928 \times 10^{-2}$
	5	**3.975**	0.0792	0.0648	0.2901	$3.484 \times 10^{-2} \pm 2.212 \times 10^{-2}$
	6	**4.061**	0.1527	0.1483	0.5221	$3.579 \times 10^{-2} \pm 2.167 \times 10^{-2}$
	7	**4.672**	0.1353	0.1274	0.5221	$5.098 \times 10^{-2} \pm 3.126 \times 10^{-2}$
	8	**4.100**	0.2816	0.1716	0.4537	$4.668 \times 10^{-2} \pm 3.577 \times 10^{-2}$
	9	**4.036**	0.1771	0.1106	0.9465	$5.798 \times 10^{-2} \pm 3.522 \times 10^{-2}$
	10	**1.607**	0.2401	0.0982	0.5867	$5.578 \times 10^{-2} \pm 3.290 \times 10^{-2}$
HST	1	**1.587**	0.2386	0.1531	0.9203	$5.082 \times 10^{-3} \pm 4.09 \times 10^{-5}$
	2	**1.418**	0.1542	0.1021	0.6022	$5.110 \times 10^{-3} \pm 5.21 \times 10^{-5}$
	3	**1.534**	0.2310	0.0823	0.8976	$5.072 \times 10^{-3} \pm 4.18 \times 10^{-5}$
	4	**1.931**	0.2561	0.1535	0.9924	$5.102 \times 10^{-3} \pm 4.68 \times 10^{-5}$

数据集	T	λ_1	λ_2	ρ_c	ρ_w	E_m
HST	5	**1. 096**	0. 1968	0. 1235	0. 7667	$5.103 \times 10^{-3} \pm 4.60 \times 10^{-5}$
	6	**1. 971**	0. 2185	0. 1693	0. 8386	$5.091 \times 10^{-3} \pm 4.47 \times 10^{-5}$
	7	**1. 625**	0. 2479	0. 1284	0. 9205	$5.114 \times 10^{-3} \pm 5.12 \times 10^{-5}$
	8	**1. 824**	0. 2628	0. 1284	**1. 0378**	$5.120 \times 10^{-3} \pm 4.06 \times 10^{-5}$
	9	**1. 622**	0. 2402	0. 0934	0. 9273	$5.103 \times 10^{-3} \pm 4.13 \times 10^{-5}$
	10	**1. 587**	0. 2386	0. 1531	0. 9203	$5.113 \times 10^{-3} \pm 4.19 \times 10^{-5}$

注：ρ_w 为内部连接权值矩阵 W 的谱半径。

同时，通过对比分析基于机理模型和传统 ESNs 模型的高速列车速度预测效果，以从建模精度的角度验证基于 ESNs 的建模方法相比于机理建模方法的优势，如图 2-3（c）所示。

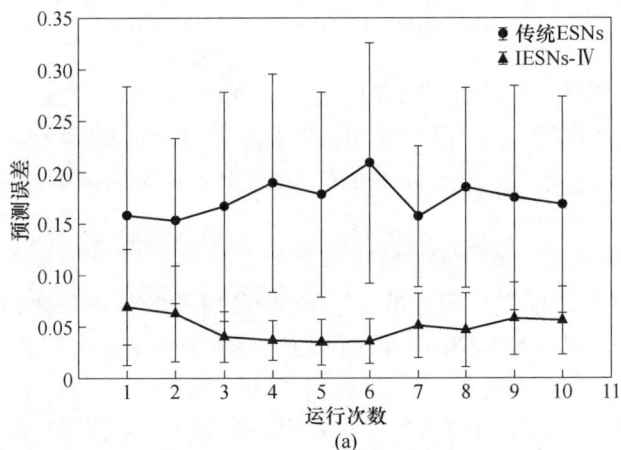

(a)

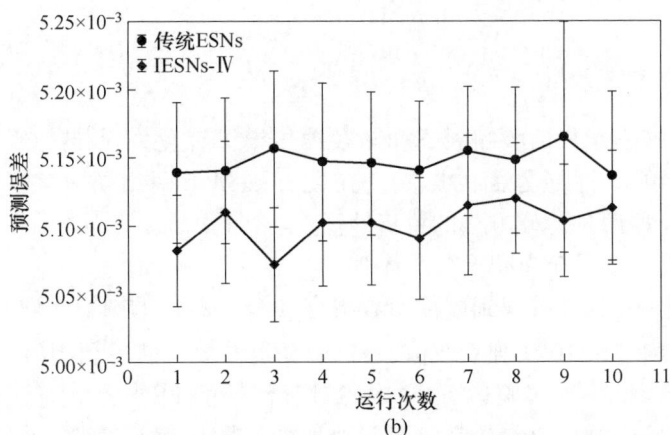

(b)

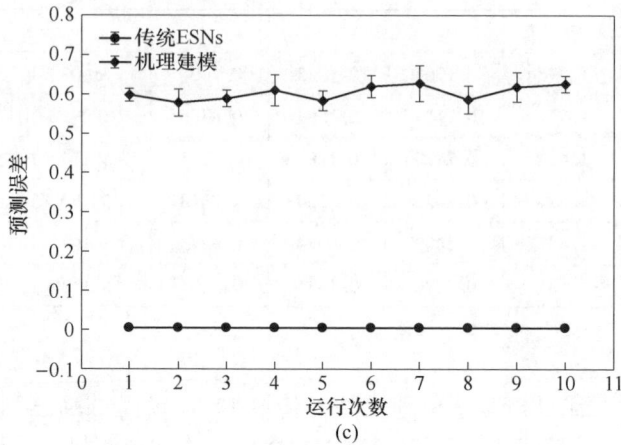

图 2-3　IESNs-Ⅳ、传统 ESNs 和机理建模方法的建模性能比较
（a）MGS 数据集，IESNs-Ⅳ与传统 ESNs（$L=30$）；（b）HST 数据集，IESNs-Ⅳ与传统 ESNs（$L=50$）；
（c）HST 数据集，机理建模方法与传统 ESNs（$L=50$）

由表 2-7 和图 2-3 可知，相比传统的 ESNs，IESNs-Ⅳ在模型预测精度和稳定性方面具有显著优势。表 2-7 中，W_{in} 的大多数最优收缩因子取值都不在固定区间 $[-1, 1]$ 内。此外，并不是最优解对应的所有 W 的谱半径都小于 1。

基于以上分析可知：

（1）IESNs-Ⅳ比传统 ESNs 具有更好的非线性时间序列预测性能，说明基于 ESNs 的高速列车建模方法改进策略能够显著提升 ESNs 对高速列车动力学建模的性能。同时也表明传统 ESNs 所使用的随机权赋值方式在一定程度上限制了 ESNs 在时间序列建模方面的性能。

（2）具有小于单位量的谱半径，并不一定是 ESNs 获得良好建模能力的充分必要条件。

2.3.3　建模鲁棒性分析

本节主要探究了权值收缩因子和储存池规模 L 变化，对传统 ESNs 和 IESNs-Ⅳ在时间序列预测性能方面的影响。在此开展以下两组仿真实验，分析传统 ESNs 与 IESNs-Ⅳ两种建模方法的鲁棒性。

2.3.3.1　收缩因子变化时的鲁棒性

考虑到 IESNs-Ⅳ能够找到最优参数组合（λ_1，λ_2）的圆形区域，因此，搜索到的圆形区域内进行 10 次独立取值，得到 10 组参数，然后利用每一组参数进行一轮独立实验，每一轮实验运行 30 次。对于传统的 ESNs，也进行 10 轮独立实验，每一轮实验中的权值参数都进行随机取值，同样每轮实验运行 30 次。采用这两种建模方法，在 MGS 和 HST 数据集上开展仿真实验，实验结果如图 2-4 所示。

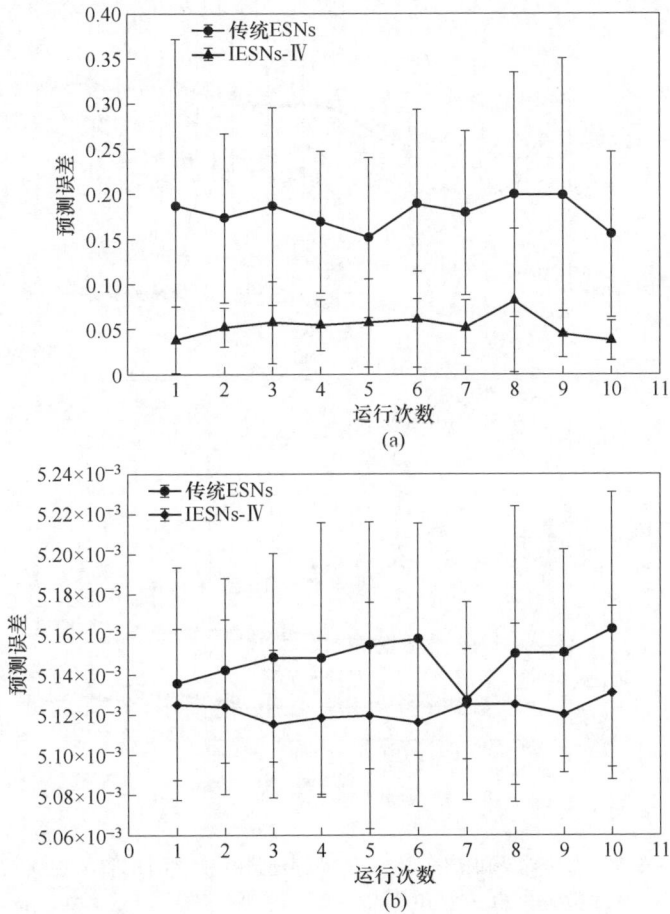

图 2-4　IESNs-Ⅳ 和传统 ESNs 的收缩因子变化时的鲁棒性比较

（a）MGS 数据集（$L=30$）；（b）HST 数据集（$L=50$）

2.3.3.2　储存池规模变化时的鲁棒性

为了验证传统 ESNs 与 IESNs-Ⅳ 的预测性能随着储存池规模 L 变化的鲁棒性，在此设置 $L=5:10:145$，其他参数设置与图 2-3 中一样。基于 MGS 和 HST 数据集开展仿真实验，实验结果如图 2-5 所示。

2.3.3.3　建模鲁棒性结果对比结论

（1）模型预测误差的协方差普遍小于传统 ESNs 得到的协方差，如图 2-4 所示。对比结果说明，找到最优参数取值的圆形区域能够增强 IESNs-Ⅳ 对不同时间序列数据集的预测鲁棒性。

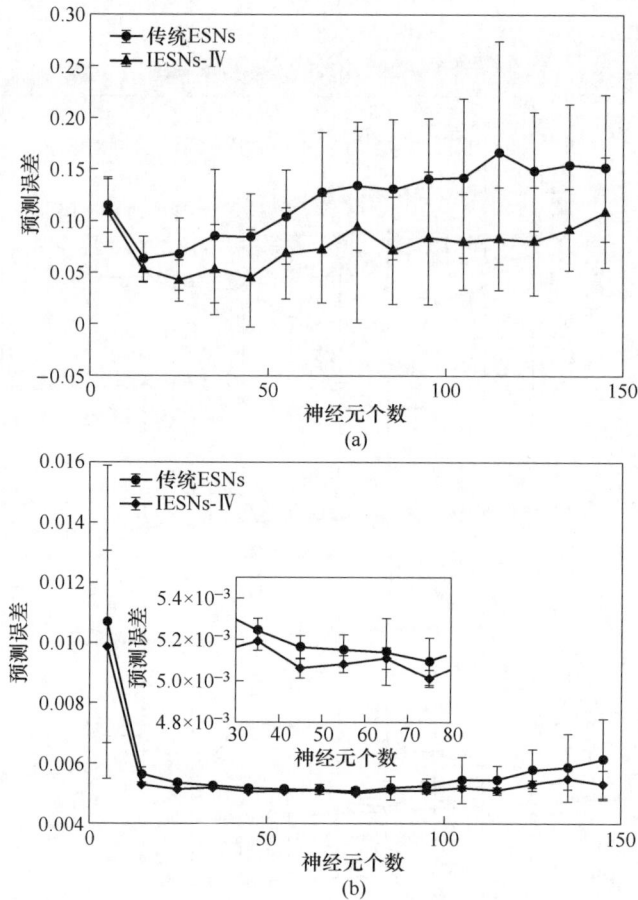

图 2-5　IESNs-Ⅳ 和传统 ESNs 的储存池规模变化时的鲁棒性比较

（a）MGS 数据集（$L=5:10:145$）；（b）HST 数据集（$L=5:10:145$）

（2）由图 2-5 可见，在初始阶段过后，IESNs-Ⅳ 的预测效果稳定性明显优于传统 ESNs。当 L 取值足够大的时候，传统 ESNs 和 IESNs-Ⅳ 的预测效果都出现了明显的波动，而 IESNs-Ⅳ 的变化则平缓很多。由此可见，找到最优参数取值的圆形区域能够增强 IESNs-Ⅳ 在模型自身参数出现变化时的时间序列预测鲁棒性。

本章给出了提高 ESNs 非线性时间序列建模性能的随机权值收缩因子优化策略，并通过仿真实验验证了所提出的优化策略能够显著改进基于 ESNs 的高速列车速度预测模型的预测精度和可靠性。同时，实验结果与分析也说明传统 ESNs 采用在固定区间［−1，1］内进行随机权值赋值的方式在许多数据集上不适用；随机权值矩阵的谱半径小于单位量并不是 ESNs 具备较好时间序列预测性能的充分必要条件。

相比于传统的 ESNs，采用本章优化策略改进后的 ESNs 在处理高速列车数据驱动建模和预测问题中，模型预测精度和鲁棒性都有显著优势。然而，由于高速列车运行环境复杂、动力学非线性特性，改进的 ESNs 展现出较好的高速列车速度预测性能的同时，也面临着 ESNs 模型输入时间尺度不确定的问题，这一问题的解决方法将在下一章进行研究。

3　高速列车鲁棒速度跟踪控制技术

速度跟踪控制是实现列车智能驾驶过程对目标速度曲线精确平稳跟踪的关键技术之一。高速列车在复杂多变环境下的追踪运行过程中，其运行状态受到各类阻力、前车运行状态变化等多种动态时变因素的干扰，使得高速列车精确平稳的速度跟踪控制充满挑战。

采用第 2 章改进的高速列车 ESNs 动力学建模方法，本章设计了一种高速列车智能驾驶鲁棒速度跟踪控制方法。考虑到基于 ESNs 动力学模型的高速列车速度预测性能与建模时间尺度的选择密切相关，本章提出了一种 ESNs 模型输入时间尺度自适应选择策略。同时，鉴于 ESNs 对非线性时间序列的学习能力与其随机权值的赋值区间相关，所以采用 2.1.3 节给出的 ESNs 权值矩阵收缩因子优化策略，以提高基于 ESNs 动力学模型的高速列车速度预测控制可靠性，并给出了闭环控制系统渐进稳定的充分条件及其证明。

仿真实验基于标准测试数据集和 HST 数据集，从高速列车速度跟踪控制效率、精度和鲁棒性三个方面验证本章所提出高速列车智能驾驶鲁棒速度跟踪控制方法的有效性。

3.1　问　题　描　述

3.1.1　模型输入时间尺度

在基于 ESNs 的数据驱动建模问题中，模型输入时间尺度和模型输出之间的因果关系与建模数据集的特性密切相关。因此，可将基于 ESNs 的高速列车动力学模型描述如下：

$$\begin{cases} \boldsymbol{X}(t+\tau) = f(\boldsymbol{W}_{\mathrm{in}}^{\mathrm{T}}\boldsymbol{Z}(t+\tau) + \boldsymbol{W}\boldsymbol{X}(t) + \boldsymbol{B}) \\ \boldsymbol{Z}(t+\tau) = [\boldsymbol{U}(t+\tau), \cdots, \boldsymbol{U}(t+(1-k)\tau)] \qquad (k=1,2,\cdots,T_{\mathrm{s}}) \\ \boldsymbol{Y}(t+\tau) = g(\boldsymbol{W}_{\mathrm{out}}^{\mathrm{T}}\boldsymbol{X}(t+\tau)) \end{cases} \tag{3-1}$$

式中，$\boldsymbol{Z}$ 为当前模型输入；τ 为采样周期；T_{s} 为模型输入时间尺度；其他变量与式（1-1）和式（1-2）相同。

其中，T_{s} 作为预测模型的一个重要参数，可通过建模数据集辨识得到。高速列车运行数据是一类典型的时间序列，高速列车现场运行数据在 ESNs 模型输入空间内是沿着时间尺度线索分布的[196-198]。因此，T_s 的取值可通过使用无监督学习方法进行数据聚类得到。

3.1.2 随机权值矩阵收缩因子

如上文所述，ESNs 的建模性能与其随机权值矩阵 W_{in} 和 W 的收缩因子密切相关。为了将这种关联性与 ESNs 对高速列车动力学特性的逼近能力联系起来，在此将式（3-1）改写如下：

$$W_{in} = \lambda_1 w_{in}, \, B = \lambda_1 B^o, \, W = \lambda_2 w^o \tag{3-2}$$

式中，w_{in}、B^o、w^o 为在 $[-1, 1]$ 内随机赋值的权值矩阵；λ_1、λ_2 为权值矩阵收缩因子，$\lambda_1, \, \lambda_2 \in \mathbf{R}^+$。

由此，基于 ESNs 的高速列车速度预测模型性能可通过调整收缩因子的设定值加以改进。

基于式（3-1）和式（3-2），可将基于 ESNs 的高速列车动力学模型改写为：

$$\begin{cases} X(t+\tau) = f(\lambda_1(w_{in}^T Z(t+\tau) + B^o) + \lambda_2 w^o X(t)) \\ Z(t+\tau) = [U(t+\tau), \cdots, U(t+(1-k)\tau)] \quad (k=1,2,\cdots,T_s) \\ Y(t+\tau) = g(W_{out}^T X(t+\tau)) \end{cases} \tag{3-3}$$

3.1.3 基于 ESNs 的高速列车速度跟踪控制

有效可靠的高速列车速度预测模型是实现高速列车精确、平稳速度跟踪预测控制的关键。基于 ESNs 预测模型的高速列车速度跟踪预测控制系统如图 3-1 所示。

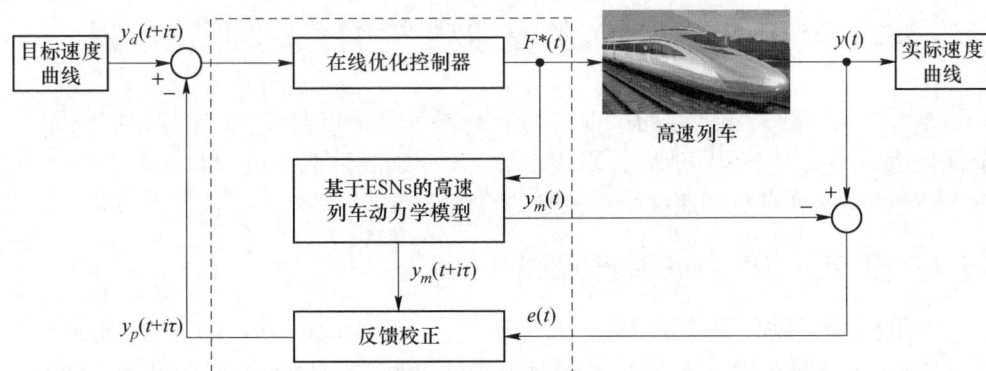

图 3-1　基于 ESNs 的高速列车预测控制框图

$y_d(t+i\tau)$、$y_p(t+i\tau)$、$y_m(t)$、$y(t)$—分别为目标速度曲线、调整后的模型预测输出、当前模型输出和系统实际输出；$F^*(t)$—当前最优控制输入；$e(t)$—模型预测误差

给定目标速度曲线 $\{y_d(t+i\tau)\}_{i=1,2,\cdots,P_r}$ 和控制输入加权系数 $\{\gamma(i)\}_{i=1,2,\cdots,C_r}$，依据图 3-1，可将该闭环控制系统描述如下：

$$Y(t+i\tau) = f_m(X(t+(i-1)\tau), Z(t+i\tau)) \quad (i=1,2,\cdots,P_r) \quad (3\text{-}4)$$

式中，P_r 为预测时域；f_m 为基于 ESNs 的高速列车速度预测模型，可定义如下：

$$\begin{cases} \hat{X}(t+i\tau) = f(\lambda_1(w_{in}^T Z(t+i\tau) + B^\circ) + \lambda_2 w^\circ X(t+(i-1)\tau)) \\ Z(t+i\tau) = [U(t+i\tau), \cdots, U(t+(i-k)\tau)] \\ \hat{Y}(t+i\tau) = g(W_{out}^T \hat{X}(t+i\tau)) \\ i=1,2,\cdots,P_r, k=1,2,\cdots,T_s \end{cases} \quad (3\text{-}5)$$

式中，$\hat{X}$、$\hat{Y}$ 分别为基于 ESNs 的高速列车速度预测模型的内部状态和模型输出。

那么，高速列车速度跟踪控制最优控制律可通过求解式（3-6）所示的优化问题得到。

$$\begin{aligned} J = & \sum_{i=1}^{P_r} \vartheta(i)[y_p(t+i\tau) - y_d(t+i\tau)]^2 + \\ & \sum_{j=1}^{C_r} \gamma(j)[\Delta F(t+(j-1)\tau)]^2 \quad (C_r \leqslant P_r) \end{aligned} \quad (3\text{-}6)$$

式中，$\vartheta(i)$、$\gamma(j)$ 分别为速度跟踪误差加权系数和控制输入加权系数；C_r 为控制时域；ΔF 为高速列车控制输入增量。

问题求解约束如下：

$$\begin{cases} X(0) = X_0 \\ \hat{X}(t+i\tau) \in H \\ \Delta F(t+i\tau) \in \Phi \end{cases} \quad (3\text{-}7)$$

式中，X_0、H、Φ 分别为系统初始状态空间、系统状态空间和系统输入集。

3.2　基于改进 ESNs 的高速列车鲁棒速度跟踪控制

本节给出了模型输入时间尺度自适应选择策略，以及 ESNs 连接权值收缩因子优化策略的实现方法。然后，采用上述 ESNs 预测性能改进策略，给出基于改进 ESNs 的高速列车鲁棒速度跟踪控制的算法步骤。

3.2.1　模型输入时间尺度的自适应选择策略

基于模糊聚类的伪近邻算法（fuzzy clustering-based false nearest neighbors，FC-FNN）在处理不建模情况下的模型阶次估计问题中展示很好的性能。因此，本节充分利用 FC-FNN 算法高效、可用性好的优点，进行高速列车动力学模型阶次估计。基于上文所述，在此设定建模数据是严格按照时间尺度因果关系顺序分布的，且数据集中包含了系统动态特性的所有特性。在模型输入空间内给定任意

一个数据点 $\boldsymbol{d}_m$，选择该数据点的一个邻近数据点 $\boldsymbol{d}_j$，根据欧几里得距离关系，可将两个数据点的关系描述如下：

$$v_m - v_j = \frac{\partial f(\boldsymbol{d}_m)}{\partial t}[\boldsymbol{d}_m - \boldsymbol{d}_j] + o([\boldsymbol{d}_m - \boldsymbol{d}_j])^2 \qquad (m = 1, 2, \cdots, N_c; j = 1, 2, \cdots, N_c; m \neq j)$$

(3-8)

式中，v_m、v_j 为系统输出；$o(\cdot)^2$ 为系统高阶项；N_c 为数据点个数。

然后，根据柯西不等式及式（3-8）判断可知：如果二者在模型输入空间的位置满足式（3-9）中的关系，则数据点 $\boldsymbol{d}_j$ 可被称为 $\boldsymbol{d}_m$ 的伪近邻数据点。

$$\frac{|v_m - v_j|}{\|\boldsymbol{d}_m - \boldsymbol{d}_j\|_2} \leqslant R_m, \ R_m \approx \max \left\|\frac{\partial f(\boldsymbol{d}_m)}{\partial t}\right\|_2 \qquad (3-9)$$

其中，判断阈值 R_m 通常定义为模型函数在数据点 $\boldsymbol{d}_m$ 处的雅克比矩阵的 2 范数。由此，该模型阶次估计问题就可以转化为如下优化问题：

$$\arg \min_{T_s} Q, \ Q(T_s) = N_r / N_c \qquad (3-10)$$

式中，$Q(T_s)$ 为存在伪近邻数据点在模型输入空间总数据点中所占比例；N_r 为存在伪近邻的数据点个数。

显然，式（3-9）中 FC-FNN 算法中的阈值 R_m 的设定，是该模型阶次估计问题的关键步骤之一。

FC-FNN 聚类算法的核心思想是将每一个聚类视为模型输入空间内的局部线性化，可描述如下：

$$v_m = \boldsymbol{a}_i^T \boldsymbol{d}_m + b_i \qquad (i = 1, \cdots, k_c) \qquad (3-11)$$

式中，$\boldsymbol{a}_i^T$ 和 b_i 为第 i 个聚类 $\boldsymbol{d}_m$ 的线性化参数；k_c 为聚类的总数。

高速列车运行数据集具有复杂、模式多变的特点，而 Gath-Geva 聚类计算方法在处理数据分布平面形状和样本点数据量多变聚类问题中展现了优异性能[199]。因此，本节采用 Gath-Geva 聚类计算方法计算高速列车运行数据集的聚类隶属度，可描述如下：

$$h_{i,m} = \frac{1}{\sum\limits_{i=1}^{k_c} (D_{i,m} / D_{q,m})^{2/(w-1)}} \qquad (3-12)$$

式中，$h_{i,m}$ 为数据点 $\boldsymbol{d}_m$ 在第 i 个聚类中的隶属度；$D_{i,m}$、$D_{q,m}$ 分别为数据点 $\boldsymbol{d}_m$ 到第 i 个和第 q 个聚类中心的距离；w 为加权指数，$w \in [1, \infty)$。

令数据点 $\boldsymbol{d}_m$ 所在的第 i 个聚类的中心为 $\boldsymbol{c}_i$，采用算法可计算得到模糊划分矩阵 $\boldsymbol{Q} = [h_{i,m}]_{k_c \times N_c}$，以及模糊协方差矩阵 $\boldsymbol{\Psi}_i$ 的最小特征值向量 $\boldsymbol{\varphi}_{i,\min}$。鉴于 $\boldsymbol{\varphi}_{i,\min}$ 向量将决定其余特征值所在超平面的法向量，可描述为：

$$\boldsymbol{\varphi}_{i,m}^T (\boldsymbol{s}_m - \boldsymbol{c}_i) = 0 \qquad (3-13)$$

其中 $\boldsymbol{s}_m = [\boldsymbol{d}_m^T, v_m]^T$，$\boldsymbol{c}_i = [(\boldsymbol{c}_i^p)^T, c_i^v]^T$，$\boldsymbol{\varphi}_{i,\min} = [(\boldsymbol{\varphi}_{i,\min}^p)^T, \varphi_{i,\min}^v]^T$

由式 (3-13) 推导可得

$$v_m = \left(\frac{-1}{\varphi_{i,\min}^v} (\boldsymbol{\varphi}_{i,\min}^p)^T \right) \boldsymbol{d}_m^T + \frac{1}{\varphi_{i,\min}^v} (\boldsymbol{\varphi}_{i,\min})^T \boldsymbol{c}_i \qquad (3\text{-}14)$$

其中

$$\boldsymbol{a}_i^T = \frac{-1}{\varphi_{i,\min}^v} (\boldsymbol{\varphi}_{i,\min}^p)^T \qquad (3\text{-}15)$$

由此，基于式 (3-12)、式 (3-14) 和式 (3-15) 可得：

$$\frac{\partial f(\boldsymbol{d}_m)}{\partial t} = \sum_{i=1}^{k_c} h_{i,m} \boldsymbol{a}_i^T \qquad (3\text{-}16)$$

进一步依据式 (3-9)、式 (3-14) 和式 (3-16) 可得：

$$R_m = \left\| \sum_{i=1}^{k_c} h_{i,m} \frac{-1}{\varphi_{i,\min}^v} (\boldsymbol{\varphi}_{i,\min}^p)^T \right\|_2 \qquad (3\text{-}17)$$

采用式 (3-9)、式 (3-10) 和式 (3-21)，可计算得到高速列车速度预测模型的最优时间尺度。具体算法实现步骤，详见 3.2.1.3 小节。

3.2.2　随机权值矩阵收缩因子的优化策略

针对传统 ESNs 随机权值两步法赋值方案（在固定区间 [−1，1] 内随机赋值，然后对内部连接权值矩阵进行收缩确保其谱半径小于单位量）存在的问题，基于上文所述的随机权值优化设定策略，给出基于 ESNs 的高速列车速度预测模型的随机权值优化方法。

3.2.2.1　优化方法目标

目标设定为高速列车速度预测模型选择最优连接权值矩阵收缩因子圆形区域，对应参数组合（λ_1，λ_2，ρ_c），以确保 ESNs 高速列车速度预测模型具有良好的预测精度和鲁棒性。

3.2.2.2　优化算法

将 RMSE 和 SD 作为该三参数优化问题的优化指标，搜寻得到最优参数取值圆形区域，并从该圆形区域内取出 N_c 对权值矩阵收缩因子（λ_1，λ_2），然后使用这些参数组合分别开展 N_d 次独立实验。将两个优化指标定义如下：

$$f_e = \left[\frac{1}{N_t} \sum_{i=1}^{N_t} (y_i - y_{i,t})^2 \right]^{1/2} \qquad (3\text{-}18)$$

$$f_s = \left[\frac{1}{N_t} \sum_{i=1}^{N_t} (y_i - \mu_c)^2 \right]^{1/2} \qquad (3\text{-}19)$$

其中

$$N_t = N_c * N_d$$

式中，f_e、f_s 分别代表优化指标 RMSE 和 SD；y_i、$y_{i,t}$ 分别为当前系统输出和目标输出；μ_c 为 N_t 个系统输出 y_i 的平均值。

基于上述评价指标，采用多目标粒子群优化算法，依据式 (3-20) 的适应度函数求解得到最优参数组合（λ_1，λ_2，ρ_c）的 Pareto 解集。然后，采用式（3-21）的加权适应度函数，从 Pareto 解集中挑选出最优解。

$$\boldsymbol{F}_c = \left[f_e(\lambda_1,\lambda_2,\rho_c), f_s(\lambda_1,\lambda_2,\rho_c) \right] \tag{3-20}$$

$$f_d = \gamma_d f_e + (1-\gamma_d)f_s \tag{3-21}$$

式中，$\boldsymbol{F}_c$ 为适应度值向量；f_d、γ_d 分别为加权适应度值及其加权系数。

在多目标优化问题求解中，加权系数 γ_d 的取值通常依据算法偏好信息进行设定。

3.2.2.3 算法实现步骤

基于改进 ESNs 的高速列车鲁棒速度跟踪控制算法的实现步骤见表 3-1。

表 3-1 基于改进 ESNs 的高速列车鲁棒速度跟踪控制算法执行流程

算法名称	基于改进 ESNs 的高速列车鲁棒速度跟踪控制算法
算法输入	训练数据，储存池规模 L，时间尺度和权值收缩因子搜索空间
算法输出	最优时间尺度 $T_{s,o}$，参数组合（λ_1，λ_2，ρ_c）的 Pareto 解集 A_p
算法流程	步骤 1：从设定的时间尺度初始集合 $T_s \in \Omega$ 中筛选出最优时间尺度 $T_{s,o}$： 步骤 1-1：依据式（3-8）、式（3-9）和式（3-17），判断模型输入空间内各个数据点是否存在伪近邻，并计算 N_r； 步骤 1-2：求解式（3-10），从 Ω 中筛选得到最优时间尺度 $T_{s,o}$。 步骤 2：初始化种群 Sw_0，粒子最优位置 p_b 和种群最优位置 g_b，依据式（3-18）和式（3-19）得到初始种群的适应度值 $\{f_{e,0}, f_{s,0}\}$，然后结合式（2-19）和式（2-20），初始化最优解集及其适应度函数值 $\{A_p, f_{Ap}\}$，其中 $f_{Ap} = \{f_{e,p_b}, f_{s,p_b}\}$。 步骤 3：迭代更新粒子状态和适应度值，得到粒子最优状态和适应度值，并依次更新种群最优状态和适应度值： 步骤 3-1：依据式（2-19）更新种群的速度 V 和位置 P 向量得到当前时刻的种群 Sw_t，并采用式（3-18）和式（3-19）评价当前种群 Sw_t，得其适应度值 $\{f_{e,t}, f_{s,t}\}$； 步骤 3-2：依据以上评价结果，结合式（3-20）和式（3-21）更新 Pareto 解集。 步骤 4：回到步骤 3，进行下一次迭代计算。 步骤 5：判断步骤 3 中 Pareto 解集连续 N_i 次迭代中保持不变，或者达到迭代次数，则算法结束，输出模型参数组合 Pareto 解集 A_p，依据偏好信息从 A_p 中跳出最优（λ_1，λ_2，ρ_c）。 步骤 6：采用上述最优模型参数，求解式（3-6）的优化问题，在线更新高速列车鲁棒速度跟踪最优控制序列

3.3 系统稳定性分析

3.3.1 理论基础

分数阶微积分推广了传统整数阶微积分概念，是一种描述 ESNs 的记忆功能特性的重要工具，本节分析了该方法的定义定理。通过利用相关基础理论，可以分析采用 ESNs 速度预测模型的高速列车速度跟踪控制系统的稳定性，以优化系统的性能和响应能力。

定义 3-1[200]　连续函数 $x(t) \in \mathbf{S}^{n+1}([t_0, +\infty], \mathbf{R})$ 的 Remann-Liouville 非整数阶 α 积分，可描述如下：

$$I^{\alpha}x(t) = D^{-\alpha}x(t) = \frac{1}{\Gamma(\alpha)}\int_{t_0}^{t}(t-\gamma)^{\alpha-1}x(\gamma)\mathrm{d}\gamma \qquad (3-22)$$

其中，$t \geq t_0$，$\alpha \geq 0$。

定义 3-2[200]　定义 $f(t) \in \mathbf{S}^{n}[a, c]$ 是一个连续可微函数，则

$$I^{\alpha}D^{\alpha}f(t) = f(t) - \sum_{k=1}^{n-1}\frac{f^{k}(a)}{k!}(f-a)^{k} \qquad (3-23)$$

对于 $\alpha \in (0, 1)$ 和 $x(t) \in \mathbf{S}^{1}[a, c]$ 有

$$I^{\alpha}D^{\alpha}x(t) = x(t) - x(a) \qquad (3-24)$$

定义 3-3[201]　对于一个给定的如式（3-3）中的系统，如果 if $\forall \varepsilon > 0$，$\exists \delta(t_0, \varepsilon)$，且 $\|\xi(t) - \eta(t)\| < \delta$，则对于系统任意两个解 $\boldsymbol{x}(t, t_0, \xi)$ 和 $\boldsymbol{x}^{\circ}(t, t_0, \eta)$，分别表示为 $\boldsymbol{x}(t)$ 和 $\boldsymbol{x}^{\circ}(t)$ 以简化描述，有 $\|\boldsymbol{x}(t) - \boldsymbol{x}^{\circ}(t)\| < \varepsilon$，$0 < t_0 < t$ 成立，即该系统是内在稳定的。

假设 3-1　式（3-5）中的激活函数在 $\mathbf{R}$ 上满足 Lipschitz 连续条件，即

$$\begin{aligned}|f(y_1) - f(y_2)| &\leq C_{\mathrm{f}}|y_1 - y_2| \\ |g(y_1) - g(y_2)| &\leq C_{\mathrm{g}}|y_1 - y_2|\end{aligned} \qquad (3-25)$$

式中，C_{f}、C_{g} 都为正常数。

3.3.2　系统平衡点的存在性

高速列车速度跟踪预测控制的目标是使高速列车的运行轨迹精确、平稳地跟踪上预先设定的目标运行轨迹，同时跟踪过程受到线路限速和铁路运行图的约束。因此，结合文献［31］中的前期工作，可知基于 ESNs 的高速列车运行控制系统存在平衡点 x^{*}，可描述如下：

$$\begin{cases}f(0) = 0 \\ x^{*}(t) = 0, \forall t > 0\end{cases} \qquad (3-26)$$

3.3.3　系统稳定性证明

为了便于分析上述系统的稳定性分析，可将式（3-3）中系统表达式改写如下：

$$\begin{cases}x(t) = f\left(\sum_{h=1}^{p_{\mathrm{r}}}\sum_{k=1}^{T_{\mathrm{s}}}\lambda_1[w_{h,k}^{\mathrm{in}}z_{h,k}(t-k) + b^{\circ}] + \sum_{l=1}^{L}\lambda_2 w_l x(t-\mu)\right) + \omega_d \\ y(t) = g(w^{\circ}x(t)) \quad (k = 0,1,\cdots,T_{\mathrm{s}};\mu = 0,1,\cdots,D_{\mu})\end{cases} \qquad (3-27)$$

式中，p_{r} 为模型输入变量个数；ω_d 为系统外部扰动；D_{μ} 为系统状态的有界延时。

基于 ESNs 的控制系统初始状态可描述为 $x_i(t) = \xi_i(t)$：$[-t_d, 0] \rightarrow R$，其中 $i = 1, 2, \cdots, n$，在此将范数定义为 $\|\xi(t)\| = \sum\limits_{i=1}^{n} \sup\limits_{t}\{e^{-t}|\xi_i(t)|\}$。

基于上述定义和假设条件，给出式（3-27）中的高速列车速度跟踪预测控制系统的稳定性定理如下。

定理 3-1　对于式（3-27）中的系统，如果系统参数满足：

$$1 - \sum_{l=1}^{L} C_f |\lambda_2 w_l| > 0 \tag{3-28}$$

则根据假设 3-1 可知，系统是稳定的。

证明　令 $\boldsymbol{x}(t) = [x_1(t), x_2(t), \cdots, x_n(t)]$ 和 $\boldsymbol{x}^o(t) = [x_1^o(t), x_2^o(t), \cdots, x_n^o(t)]$ 是式（3-27）中系统的两个解，且满足 $x_i(t) = \xi(t)$：$[-t_d, 0] \rightarrow \mathbf{R}$ 和 $x_i^o(t) = \eta(t)$：$[-t_d, 0] \rightarrow \mathbf{R}(i = 1, 2, \cdots, n$；$\xi(t)$ 和 $\eta(t)$ 代表系统两个初始状态条件）。同时，令 γ 和 σ 为两个时间尺度，且分别满足 $\gamma - \phi_1\sigma = t - k\tau$ 和 $\gamma - \phi_2\sigma = \iota - \mu\tau$，$\phi_1$，$\phi_2 \in \mathbf{Z}$。则根据定义 3-1 和式（3-27）可得：

$$I^\alpha D^\alpha(x_i(t) - x_i^o(t)) = \xi_i(0) - \eta_i(0) +$$

$$\frac{1}{\Gamma(\alpha)} \int_0^t (t-\tau)^{\alpha-1} \left\{ f\left\{ \sum_{h=1}^{p_r} \sum_{k=1}^{T_s} \lambda_1[w_{h,k}^{\text{in}} z_{h,k}(t-k\tau) + b_0] + \right.\right.$$

$$\sum_{l=1}^{L} \lambda_2 w_l x_{i,l}^o(t-\mu\tau) - f\left\{ \sum_{h=1}^{p_r} \sum_{k=1}^{T_s} \lambda_1[w_{h,k}^{\text{in}} z_{h,k}(t-k\tau) + b_0] + \right.$$

$$\left.\left. \sum_{l=1}^{L} \lambda_2 w_l x_{i,l}(t-\mu\tau) \right\}\right\} \mathrm{d}\tau \tag{3-29}$$

在此，令 $\alpha \in (0, 1)$，则依据假设 3-1 和假设 3-2 及分数阶算子的特性可得[189]：

$$e^{-t}|x_i(t) - x_i^o(t)| \leqslant e^{-t}|\xi_i(0) - \eta_i(0)| +$$

$$\sum_{l=1}^{L} |\lambda_2 w_l| \frac{1}{\Gamma(\alpha)} \int_0^t (t-\gamma)^{\alpha-1} C_f e^{-t}|x_{i,l}(t-\mu) - x_{i,l}^o(t-\mu)| \mathrm{d}\tau \tag{3-30}$$

式中，e 为速度跟踪误差。

定义 $\theta = \gamma - \phi_2\sigma$，则可将式（3-30）改写如下：

$$e^{-t}|x_i(t) - x_i^o(t)| \leqslant e^{-t}|\xi_i(0) - \eta_i(0)| +$$

$$\sum_{l=1}^{L} C_f |\lambda_2 w_l| \frac{1}{\Gamma(\alpha)} \int_{-\mu}^{t-\mu} (t-\theta-\mu)^{\alpha-1} e^{-t}|x_{i,l}(\theta) - x_{i,l}^o(\theta)| \mathrm{d}\theta \tag{3-31}$$

令 $\beta = t - \theta - \phi_2\sigma$，并对式（3-30）进行积分扩展，则式（3-31）可写成：

$$e^{-t}|x_i(t) - x_i^o(t)| \leqslant e^{-t}|\xi_i(0) - \eta_i(0)| + \sum_{l=1}^{L} C_f |\lambda_2 w_l| e^{-\phi_2\sigma} \frac{1}{\Gamma(\alpha)}$$

$$\Big\{\int_{t-\phi_2\sigma}^{t} (\beta)^{\alpha-1} e^{-\beta} \mathrm{d}\beta\Big\}_{t\in(-\phi_2\sigma,0]} \sup (e^{-t}|\xi_i(t) - \eta_i(t)|) +$$

$$\sum_{l=1}^{L} C_f |\lambda_2 w_l| e^{-\phi_2\sigma} \frac{1}{\Gamma(\alpha)} \Big\{\int_{0}^{t-\phi_2\sigma} (\beta)^{\alpha-1} e^{-\beta} \mathrm{d}\beta\Big\}_{t\in(0,t-\phi_2\sigma]} \sup$$

$$(e^{-t}|x_{i,l}(t) - x_{i,l}^{\circ}(t)|) \tag{3-32}$$

根据欧拉伽马函数特性

$$\Gamma(\alpha) = \int_{0}^{\infty} e^{-t} t^{\alpha-1} \mathrm{d}t \tag{3-33}$$

可将式（3-32）写成

$$e^{-t}|x_i(t) - x_i^{\circ}(t)| \leqslant e^{-t}|\xi_i(0) - \eta_i(0)| +$$

$$\sum_{l=1}^{L} C_f |\lambda_2 w_l| e^{-\phi_2\sigma} \sup_{t\in(-\phi_2\sigma,0]} (e^{-t}|\xi_i(t) - \eta_i(t)|) +$$

$$\sum_{l=1}^{L} C_f |\lambda_2 w_l| e^{-\phi_2\sigma} \sup_{t\in(0,t-\phi_2\sigma]} (e^{-t}|x_{l,i}(t) - x_{l,i}^{\circ}(t)|) \tag{3-34}$$

由于 $e^{-\phi_2\sigma} \in (0, 1]$，则由式（3-34）可推出

$$e^{-t}|x_i(t) - x_i^{\circ}(t)| \leqslant e^{-t}|\xi_i(0) - \eta_i(0)| +$$

$$\sum_{l=1}^{L} C_f |\lambda_2 w_l| \sup_{t\in(-\phi_2\sigma,0]} (e^{-t}|\xi_i(t) - \eta_i(t)|) +$$

$$\sum_{l=1}^{L} C_f |\lambda_2 w_l| \sup_{t\in(0,t-\phi_2\sigma]} (e^{-t}|x_{l,i}(t) - x_{l,i}^{\circ}(t)|) \tag{3-35}$$

可得

$$\sup_{t\in(0,t_s]} |x(t) - x^{\circ}(t)| \leqslant \sup_{t} |x(t) - x^{\circ}(t)| \qquad (0 < t_s < t) \tag{3-36}$$

由此可将式（3-35）写为

$$e^{-t}|x_i(t) - x_i^{\circ}(t)| \leqslant e^{-t}|\xi_i(0) - \eta_i(0)| +$$

$$\sum_{l=1}^{L} C_f |\lambda_2 w_l| \sup_{t\in(-\phi_2\sigma,0]} (e^{-t}|\xi_i(t) - \eta_i(t)|) +$$

$$\sum_{l=1}^{L} C_f |\lambda_2 w_l| \sup_{t} (e^{-t}|x_{l,i}(t) - x_{l,i}^{\circ}(t)|) \tag{3-37}$$

依据式（3-37）可得

$$\|\boldsymbol{x}(t) - \boldsymbol{x}^{\circ}(t)\| = \sum_{i=1}^{n} \sup_{t} (e^{-t}|x_i(t) - x_i^{\circ}(t)|)$$

$$\leqslant \sum_{i=1}^{n} \sup_{t\in(-\phi_2\sigma,0]} (e^{-t}|\xi_i(0) - \eta_i(0)|) +$$

$$\sum_{i=1}^{n} \sum_{l=1}^{L} C_f |\lambda_2 w_l| \sup_{t\in(-\phi_2\sigma,0]} (e^{-t}|\xi_i(t) - \eta_i(t)|) +$$

$$\sum_{i=1}^{n} \sum_{l=1}^{L} C_f |\lambda_2 w_l| \sup_{t} (e^{-t}|x_{l,i}(t) - x_{l,i}^{\circ}(t)|) \tag{3-38}$$

综上可得

$$\|x(t) - x^\circ(t)\| \leqslant \|\xi(t) - \eta(t)\| + \sum_{l=1}^{L} C_f |\lambda_2 w_l| \|\xi(t) - \eta(t)\| +$$

$$\sum_{l=1}^{L} C_f |\lambda_2 w_l| \|x(t) - x^\circ(t)\| \tag{3-39}$$

利用式 (3-38) 可得

$$\|x(t) - x^\circ(t)\| \leqslant \frac{1 + \sum\limits_{l=1}^{L} C_f |\lambda_2 w_l|}{1 - \sum\limits_{l=1}^{L} C_f |\lambda_2 w_l|} \|\xi(t) - \eta(t)\| \tag{3-40}$$

因此可推出, 对于任意 $\varepsilon > 0$, 都存在

$$\delta \leqslant \frac{1 - \sum\limits_{l=1}^{L} C_f |\lambda_2 w_l|}{1 + \sum\limits_{l=1}^{L} C_f |\lambda_2 w_l|} \varepsilon \tag{3-41}$$

假如 $\|\xi(t) - \eta(t)\| \leqslant \delta$ 成立, 则

$$\|x(t) - x^\circ(t)\| \leqslant \varepsilon \tag{3-42}$$

成立。

综上可知, 系统是一致稳定的, 系统状态可以任意精度接近平衡点。证明完毕。

3.4 实 验 验 证

采用上述改进后的 ESNs 算法, 在 MGS 和 LRZ (Lorenz time-series) 两种标准测试数据集及现场采集的 HST 数据集上开展仿真实验, 以验证本章所提出的高速列车鲁棒速度跟踪控制方法的有效性。

3.4.1 实验设置

粒子群优化算法的参数设置以及 MGS 数据集的特性与 2.3 节中实验设置一致。LRZ 数据集是另外一类常用于测试 ESNs 预测性能的标准数据集, 它是由式 (3-43) 中的连续时间系统生成的。

$$\begin{cases} \dot{x}_1(t) = \alpha [x_2(t) - x_1(t)] \\ \dot{x}_2(t) = x_1(t) [\varphi - x_3(t)] - x_2(t) \\ \dot{x}_3(t) = x_1(t) x_2(t) - \beta x_3(t) \end{cases} \tag{3-43}$$

其中常用的参数设置是 $\alpha = 10$, $\varphi = 28$, $\beta = 8/3$。

LRZ 时间序列预测试验中, 采集 1500 个数据点, 前 1000 个用于模型训练和校验, 剩下 500 个数据点用于模型测试, 前 50 次测试结果删除。HST 数据集是从国内某条高铁"济南—泰安"区间内运营的高速列车上采集的, 数据集特征如图 3-2 所示。

实验中，采用式（3-18）和式（3-19）定义的指标评价时间序列预测和高速列车速度跟踪的效果。在挑选最优解时，式（3-21）中的加权系数设置为 $\gamma_d =$ 0.6。在高速列车速度跟踪控制实验中，将一组高速列车实际运行数据（见图 3-2）作为本章高速列车速度追踪控制的目标速度曲线。

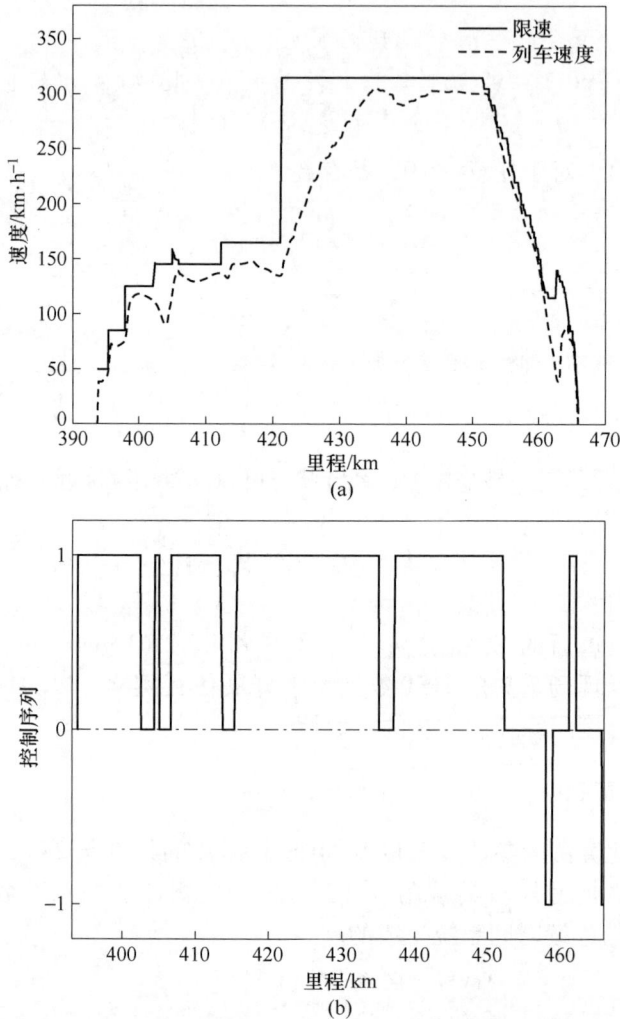

图 3-2　高速列车在"济南—泰安"区间的现场运行数据

（a）速度-里程曲线；（b）控制序列（1、0、−1 分别代表牵引、惰行、制动工况）

3.4.2　时间尺度自适应调整的效果

在 MGS 和 HST 数据集上，开展基于传统 ESNs 和加入了时间尺度自适应选择机制的 ESNs（即改进的 ESNs）预测模型的速度预测效果对比实验。其中，将传统

ESNs 的时间尺度设置为 $T_s=2$，改进 ESNs 的时间尺度则从 $T_s=\{1,2,3,4,5\}$ 中进行自适应调整。对两种建模方法选定的每一个时间尺度 T_s，进行 10 轮独立的高速列车速度预测实验，每轮实验计算得到式（3-10）中的比例系数 $Q(T_s)$ 见表 3-2。

表 3-2　ESNs 模型输入时间尺度选择结果

运行次数	$Q(T_s)/\%$				
	$T_s=1$	$T_s=2$	$T_s=3$	$T_s=4$	$T_s=5$
1	92.5	63.1	30.2	16.4	2.34
2	91.2	64.3	28.6	14.3	3.42
3	93.2	62.5	25.3	4.65	3.56
4	93.2	60.1	**9.70**	5.36	1.67
5	92.3	62.4	8.72	5.76	2.01
6	94.1	59.8	10.6	6.44	3.42
7	94.5	62.4	8.25	5.97	4.04
8	92.6	64.3	6.61	3.64	3.24
9	93.3	66.6	7.30	4.56	3.56
10	92.4	64.6	8.34	5.33	4.06

由表 3-2 可知，$Q(T_s)$ 的取值在第三列和第四列之间出现了显著落差，由此推断出当前自适应选择的时间尺度为 $T_s=3$。同理，可求得 MGS 数据集预测的时间尺度选择结果为 $T_s=3$。

采用上述时间尺度选择结果，在两种数据集上的测试结果分别如图 3-3 和图 3-4 所示。

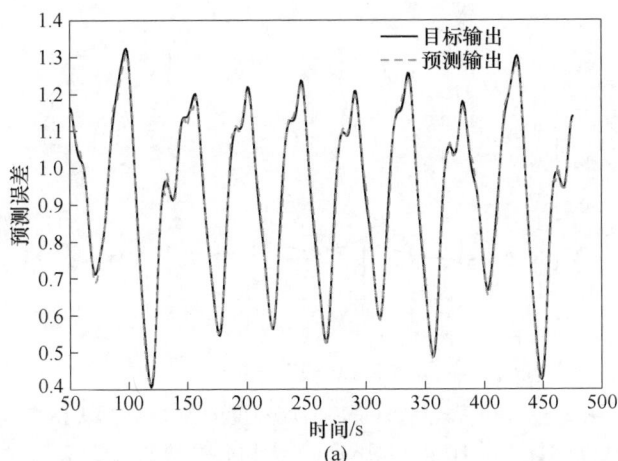

(a)

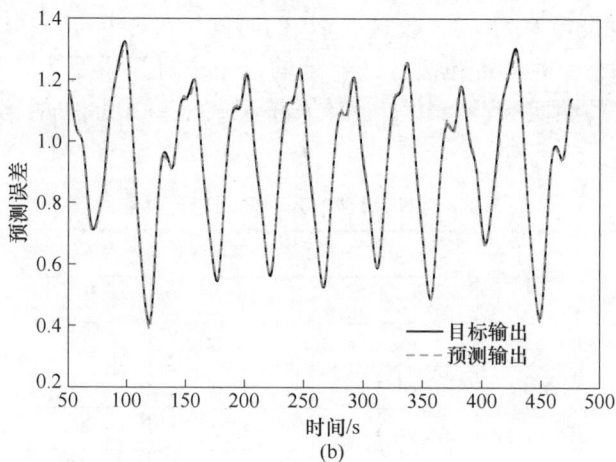

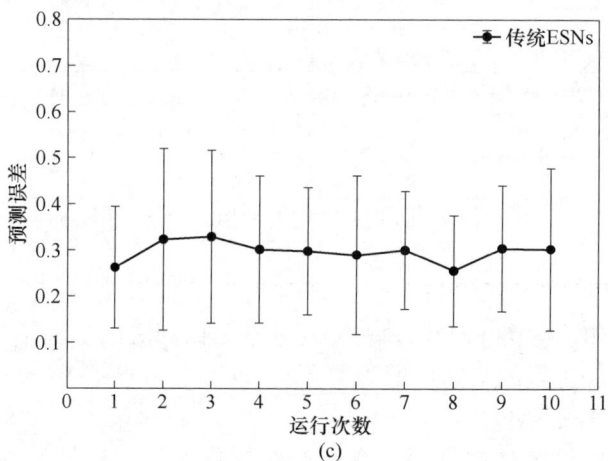

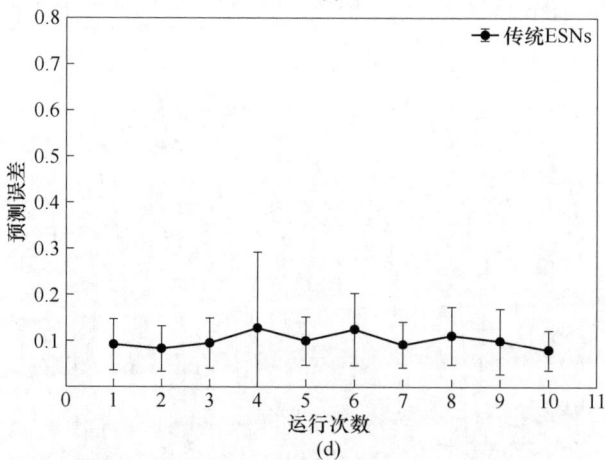

图 3-3　采用固定和自适应时间尺度的 MGS 数据集预测

（a）固定时间尺度（$T_s = 2$）；（b）自适应时间尺度；（c）固定时间尺度（$T_s = 2$）；（d）自适应时间尺度

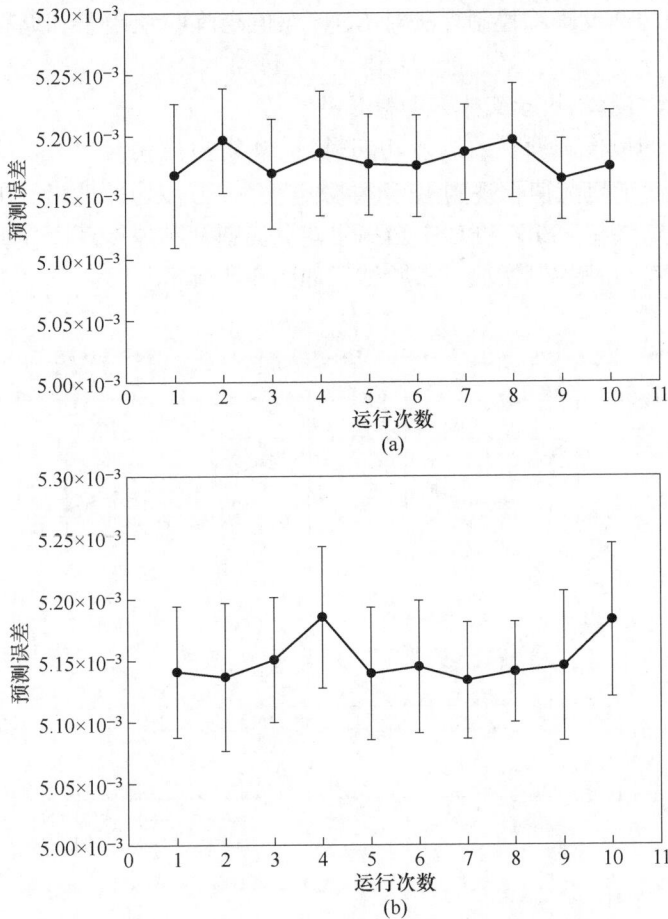

图 3-4　采用固定和自适应时间尺度的高速列车速度预测
（a）固定时间尺度（$T_s=2$）；（b）自适应时间尺度

从图 3-3 中可以看到，采用时间尺度自适应选择的 ESNs 在 MGS 数据集上的预测效果明显优于传统 ESNs。同样，从图 3-4 中可以发现，采用时间尺度自适应选择的 ESNs 在高速列车速度预测精度上的表现要优于传统 ESNs。综上可知，采用所提出的时间尺度自适应选择策略根据数据特征选择的时间尺度，能够提高 ESNs 对高速列车运行数据的预测精度和可靠性。

3.4.3　高速列车速度预测模型鲁棒性分析

采用基于改进 ESNs（IESNs）和传统 ESNs 的高速列车速度预测模型，在 LRZ 和 HST 数据集上开展模型预测性能鲁棒性分析实验，以验证采用 IESNs 速度预测模型的高速列车速度跟踪控制方法的可靠性。实验分为两组，对比分析采用两种速度预测模型的速度跟踪控制算法对 ESNs 权值矩阵收缩因子和储存池规模变化的鲁棒性。

3.4.3.1　对收缩因子变化的鲁棒性

从 IESNs 的最优圆形参数区域均匀挑选 10 组参数组合（λ_1，λ_2），相应的 ESNs 进行 10 次随机赋值也得到 10 组参数组合（λ_1，λ_2）。然后，IESNs 和 ESNs 各自的 10 组参数基于 LRZ 和 HST 数据集建立高速列车速度预测模型，并基于预测模型进行速度预测控制实验，实验结果如图 3-5 所示。

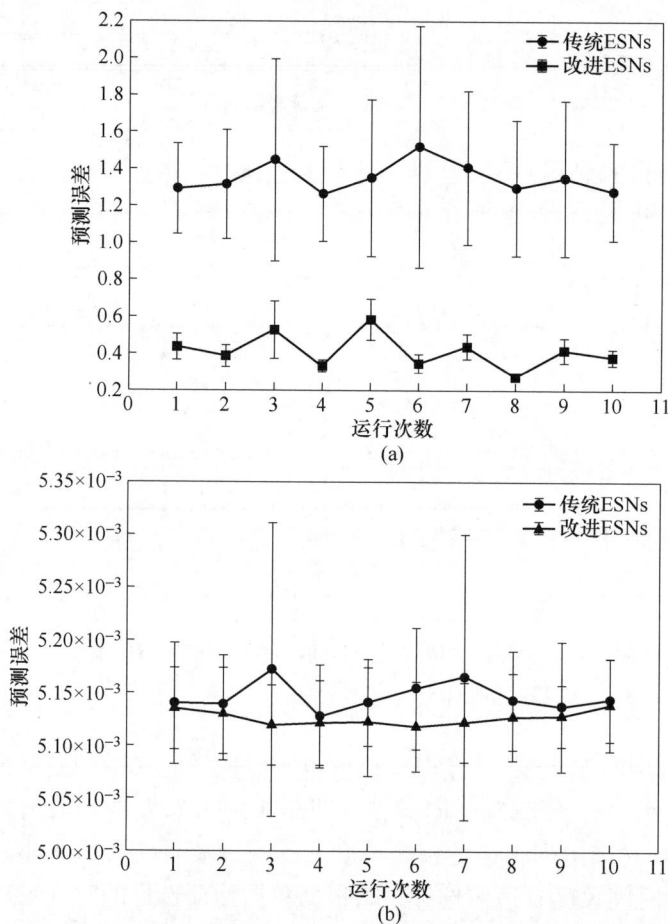

图 3-5　对收缩因子变化的鲁棒性比较

（a）LRZ 数据集（$L=50$）；（b）HST 数据集（$L=50$）

从图 3-5（a）和（b）对比可知，基于 IESNs 的高速列车速度预测控制适应度值（f_{e2} 和 f_{s2}）更小且变化更加平稳。由此可知，采用上述三参数双目标算法优化

ESNs 连接权值收缩因子后，可显著提高基于 IESNs 的高速列车模型预测控制方法对连接权赋值变化的鲁棒性。

3.4.3.2 对储存池规模变化的鲁棒性

针对储存池规模 L 变化的控制鲁棒分析，分别设置 LRZ 和 HST 数据集的测试参数变化为 $L=5:5:75$ 和 $L=5:10:145$，测试结果如图 3-6 所示。

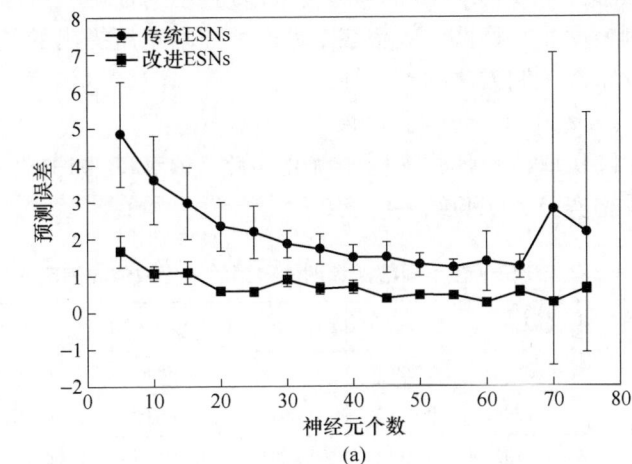

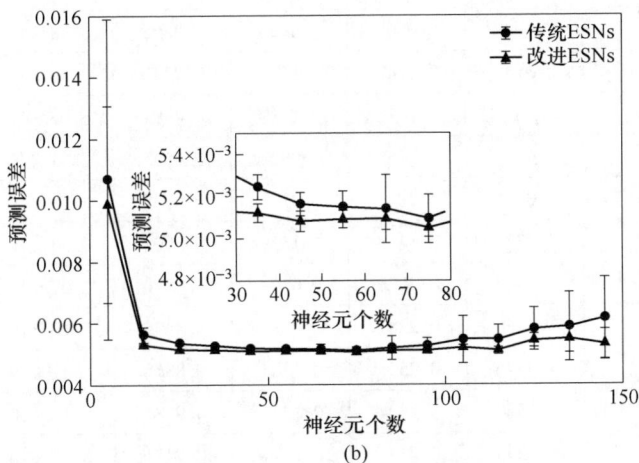

图 3-6 对储存池规模变化的鲁棒性比较

（a）LRZ 数据集（$L=5:5:75$）；（b）HST 数据集（$L=5:10:145$）

由图 3-6(a)和(b)对比可知，当 L 在一定范围内变化时，采用 IESNs 预测模型的高速列车速度预测控制鲁棒性明显优于采用传统 ESNs 的控制方法。此外，当 L 的取值超过某一范围时，采用传统 ESNs 建模的速度跟踪控制性能出现明显的抖动，而采用 IESNs 建模的速度跟踪控制性能变化能够保持在一个合理范围内。综上可知，采用 IESNs 预测模型的速度跟踪控制性能方法在 L 发生变化时，能够保持较好的控制鲁棒性。

3.4.4　基于改进 ESNs 的速度跟踪效果

采用 IESNs、传统 ESNs、长短记忆网络（long short-term memory，LSTM）、ANFIS 和 RBF 建模工具，在 LRZ 和 HST 数据集上开展时间序列建模预测性能对比实验，从预测精度、平稳性和效率三个方面验证本章所提出的基于 IESNs 的高速列车鲁棒速度跟踪控制方法的有效性。

3.4.4.1　与传统 ESNs 的性能比较

首先，采用随机取值矩阵收缩因子优化策略，在 LRZ 和 HST 数据集上开展最优模型参数设定实验，实验结果见表 3-3。

表 3-3　IESNs 在不同数据集测试得到的最优权值收缩因子

数据集	运行次数	λ_1	λ_2	ρ_c	ρ_w	E_m
LRZ	1	0.3417	0.2870	0.0569	0.5908	$6.33 \times 10^{-1} \pm 1.94 \times 10^{-1}$
	2	0.1398	0.1252	0.0977	**1.0970**	$2.97 \times 10^{-1} \pm 2.66 \times 10^{-2}$
	3	0.2192	0.2312	0.0741	0.3171	$4.34 \times 10^{-1} \pm 8.72 \times 10^{-2}$
	4	0.1989	0.0661	0.0526	0.5868	$3.48 \times 10^{-1} \pm 4.89 \times 10^{-2}$
	5	0.1158	0.1249	0.1178	0.7345	$2.80 \times 10^{-1} \pm 1.79 \times 10^{-2}$
	6	0.3661	0.1571	0.1489	0.4991	$6.07 \times 10^{-1} \pm 1.46 \times 10^{-2}$
	7	0.1349	0.1068	0.0827	0.8555	$2.91 \times 10^{-1} \pm 2.57 \times 10^{-2}$
	8	0.0931	0.1813	0.0569	0.6738	$2.78 \times 10^{-1} \pm 1.42 \times 10^{-2}$
	9	0.1374	0.1419	0.1329	0.5905	$6.33 \times 10^{-1} \pm 1.94 \times 10^{-1}$
	10	0.3417	0.2870	0.0569	**1.0970**	$2.97 \times 10^{-1} \pm 2.66 \times 10^{-2}$
HST	1	**1.5460**	0.2287	0.0831	0.8435	$5.10 \times 10^{-3} \pm 5.13 \times 10^{-5}$
	2	**1.6370**	0.2521	0.1304	0.8872	$5.11 \times 10^{-3} \pm 4.82 \times 10^{-5}$
	3	**1.5820**	0.2304	0.1245	0.9385	$5.12 \times 10^{-3} \pm 4.08 \times 10^{-5}$
	4	**1.8340**	0.2731	0.1274	0.9421	$5.12 \times 10^{-3} \pm 5.32 \times 10^{-5}$
	5	**1.6320**	0.2387	0.1042	**1.1624**	$5.11 \times 10^{-3} \pm 4.32 \times 10^{-5}$
	6	**1.5020**	0.1563	0.1137	0.9423	$5.09 \times 10^{-3} \pm 4.11 \times 10^{-5}$
	7	**1.9260**	0.2723	0.1557	0.6523	$5.08 \times 10^{-3} \pm 4.16 \times 10^{-5}$
	8	**1.6340**	0.2523	0.0932	**1.0932**	$5.11 \times 10^{-3} \pm 4.17 \times 10^{-5}$
	9	**1.5460**	0.2287	0.0831	0.9153	$5.12 \times 10^{-3} \pm 4.33 \times 10^{-5}$
	10	**1.6370**	0.2521	0.1304	0.9126	$5.11 \times 10^{-3} \pm 4.72 \times 10^{-5}$

注：T—独立实验的轮数，每一轮实验进行 30 次；$E_m = f_e \pm f_s$；ρ_w—w 的谱半径。

　　然后，采用优化设定模型参数，开展传统 ESNs 和 IESNs 在 LRZ 和 HST 数据集上的非线性时间序列建模能力测试实验，结果如图 3-7 所示。

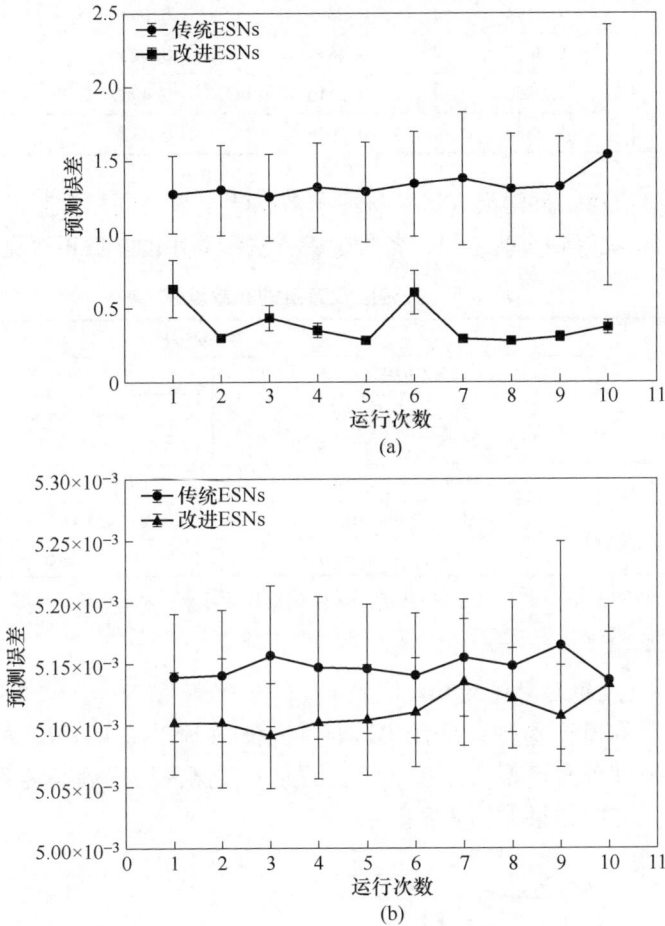

图 3-7　改进的 ESNs 和传统 ESNs 建模性能比较
(a) LRZ 数据集（$L=50$）；(b) HST 数据集（$L=50$）

　　实验中两种方法参数设置除收缩因子之外，其他参数相同。由表 3-3 和图 3-7 所示实验结果与分析可知，IESNs 在模型预测精度和稳定性方面都明显优于传统 ESNs。

3.4.4.2　与其他建模方法的性能比较

　　IESNs、LSTM、ANFIS 和 RBF 四种建模方法在 LRZ 和 HST 两个数据集上的模型预测效率和精度测试结果见表 3-4。从表 3-4 中可知，IESNs 的建模效率明显优于其他三种建模方法，同时具有很好的模型预测精度。

表 3-4　不同建模方法的建模性能比较

建模方法	LRZ 数据集		HST 数据集	
	时间/s	RMSE	时间/s	RMSE
IESNs	**1.0391**	0.3891	**0.0906**	**0.0068**
LSTM	1.4637	0.3891	0.0906	0.0068
ANFIS	1.9859	0.2415	3.4969	0.0058
RBF	1.2538	0.3628	0.6328	0.0266

实验中，对应每一种建模方法，从一个数据集上采集同样数量的样本数据点，各自独立运行 50 次得到实验结果，各种建模方法所采用的参数设置见表 3-5。

表 3-5　各种建模方法的参数设置

建模方法	参 数 设 置	
	LRZ 数据集	HST 数据集
IESNs	$L=50$, $\lambda_1=0.0931$, $\lambda_2=0.1813$, $\rho_c=0.0569$	$L=50$, $\lambda_1=1.502$, $\lambda_2=0.1563$, $\rho_c=0.1137$
LSTM	$cellNum=50$, $L_r=0.01$	$cellNum=50$, $L_r=0.01$
ANFIS	genfis2, $radii=0.45$	genfis2, $radii=0.45$
RBF	newrbe, $spread=20$	newrbe, $spread=50$

注：$cellNum=50$ 和 $L_r=0.01$ 分别为 LSTM 的隐含层规模和学习率；genfis2 和 newrbe 分别为 ANFIS 和 RBF 的生成函数。

3.4.4.3　速度跟踪效果对比

采用优化后的模型参数，采用 IESNs、传统的 ESNs、LSTM、ANFIS 和 RBF 建立高速列车速度预测模型，并基于建立的速度预测模型开展高速列车目标速度跟踪控制实验，实验结果如图 3-8 所示。

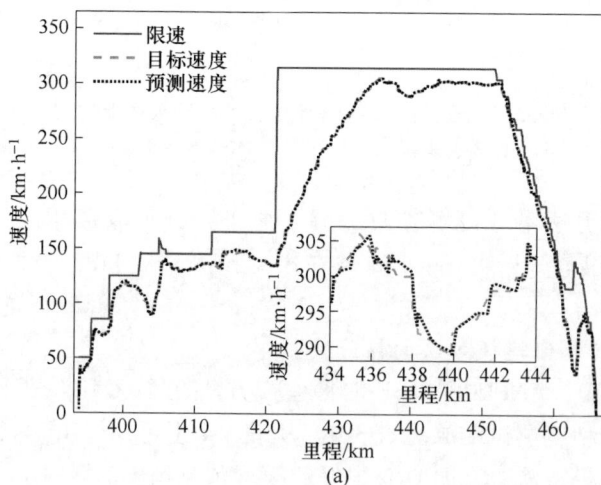

(a)

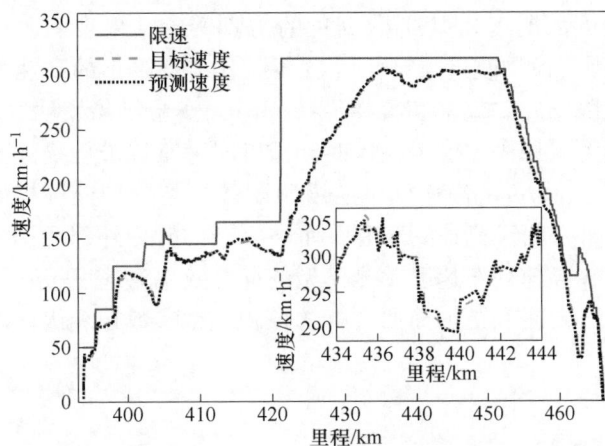

(b)

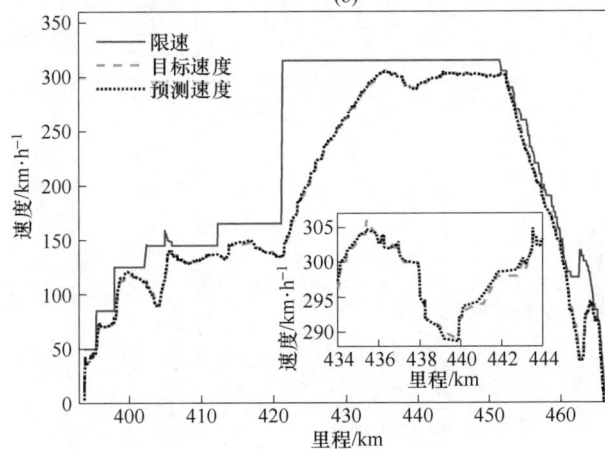

(c)

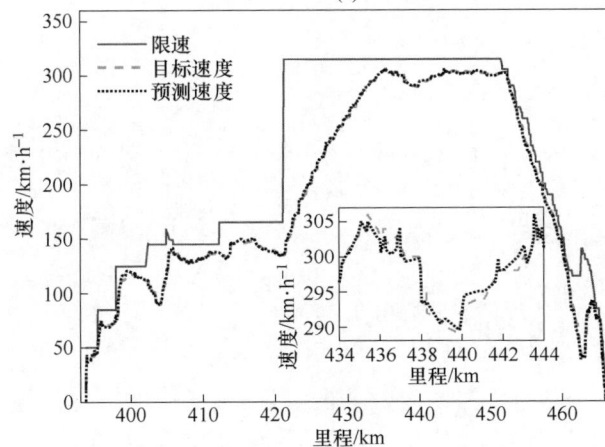

(d)

彩图

图 3-8　采用不同速度预测建模的高速列车速度跟踪效果对比

（a）传统 ESNs 采用固定时间尺度（$T_s = 2$）；（b）LSTM；（c）ANFIS；（d）RBF

　　基于标准测试数据集和 HST 数据集的仿真实验结果表明，本章提出的高速列车 ESNs 速度预测模型改进策略，可显著提升本章给出的高速列车速度跟踪控制算法的速度跟踪精度、效率和鲁棒性。同时，实验结果表明基于 ESNs 的高速列车速度预测模型采用固定模型输入时间尺度时，难以准确描述高速列车运行数据集的特征；基于 ESNs 的高速列车速度预测效果与模型连接权值矩阵的取值范围密切相关。此外，由于高速列车是一个在复杂、时变外部环境中高速运行的非线性动力学系统，高速列车速度预测模型的计算效率对速度跟踪控制效果有重要影响。因此，有必要研究更加简便可行的预测模型参数在线优化设定方法。

4 基于追踪特性建模的多列车协同优化控制

随着我国高速铁路网越建越大、越织越密，高速铁路线路区间（特别是主干道线路区间）内多列车高速、高密度追踪运行已成为高速铁路的重要运营场景。在该场景下，多列车追踪运行状态之间的强耦合关系是高速列车运行控制策略设定的重要约束之一。同时，多列车追踪运行优化以线路区间内所有列车的整体高效、节能、舒适作为追踪优化控制目标，将更具有研究意义。

4.1 高速列车 ESNs 动力学模型

高速列车是一个在复杂多变环境中高速运行的非线性大系统，其动力学特性难以通过机理建模方法进行精确可靠的描述。高速列车运行数据是典型的非线性时间序列，而 ESNs 在有效、快速建模非线性时间序列方面具有显著优势。因此，本章采用第 2 章基于 ESNs 的高速列车动力学建模，进行高速列车运行速度的有效预测。

基于 ESNs 的高速列车动力学模型可描述如下：

$$v(t+1) = f_{\text{ESNs}}(h(t), u(t+1)) + \varepsilon(t) \tag{4-1}$$

式中，f_{ESNs} 为高速列车动力学特性函数；h、u 分别为系统状态向量和控制量向量；ε 为建模误差。

结合式（2-3）、式（2-4）和式（4-1）可将该模型改写为：

$$\begin{cases} h(t+1) = \sigma\{\gamma_1[w_s u(t) + b] + \gamma_2 w h(t)\} \\ v(t+1) = g[W_o h(t+1)] + \varepsilon(t) \end{cases} \tag{4-2}$$

其中
$$W_s = \gamma_1 w_s, \quad W = \gamma_2 w, \quad B = \gamma_1 b$$

式中，w_s、w、b 分别为在 $[-1,1]$ 区间内随机取值的输入连接权值矩阵、内部连接权值矩阵和网络偏置值；γ_1、γ_2 为随机权矩阵的收缩因子。

4.2 多列车追踪特性模型

4.2.1 基于移动闭塞的多列车追踪运行场景

采用以上建立的高速列车动力学模型进行高速列车多车追踪特性建模，以准确描述相邻列车运行状态的耦合关系对列车控制输入的约束效果。基于移动闭塞的多列车追踪运行场景描述如图 4-1 所示。

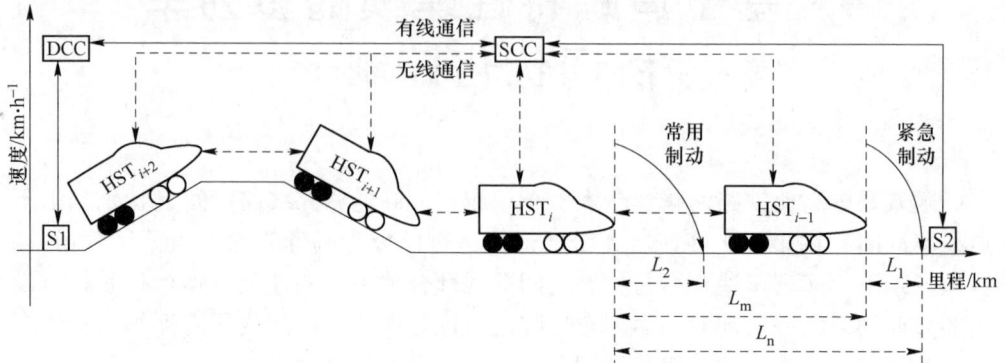

图 4-1　基于移动闭塞的多列车追踪运行场景示意图

L_1—HST$_{i-1}$ 的紧急制动距离；L_2—HST$_i$ 的常用制动距离；L_m—最小追踪间隔安全距离；

L_n—判断追踪列车 HST$_i$ 的运行状态是否受前行列车 HST$_{i-1}$ 信号影响的间隔距离阈值；

S1—起点站；S2—终点站；DCC—区间调度中心；SCC—车站控制中心

通常情况下，各列车在同一时刻所处的线路、分相、限速等运行条件可能不完全相同，如图 4-1 所示，HST$_{i-1}$ 和 HST$_i$ 处于平道，HST$_{i+1}$ 处于下坡，HST$_{i+2}$ 处于上坡。

4.2.2　高速列车多车追踪特性

本节考虑最普遍的正线单向单车道上的多列车追踪运行场景。结合图 4-1 进行追踪特性分析可知，多列车在两站之间同向追踪运行过程中，列车相对运行状态变化与列车控制力调节量之间的相互关系，可描述为列车运行状态耦合关系对列车控制量调节范围的约束作用，如图 4-2 所示。

图 4-2 中，列车运行方向向右，图 4-2（a）的横坐标 P 为列车位置（并设定 $P_{i+1} < P_i < P_{i-1}$），图 4-2（b）的横坐标 s 为 HST$_i$ 与前车的间隔距离，纵坐标 ξ_i 为间隔距离 s 变化对 HST$_i$ 控制力调节量的约束程度，$\pm L_d$ 为平衡位置裕量，$\pm L_M$ 为追踪间隔距离上界。

图 4-2（a）中，列车位置 P_m 表示 HST$_i$ 的控制力调节量不受其与前、后列车相对运行状态影响的一个平衡位置，对应图 4-2（b）横坐标原点 $s = 0$。在图 4-2（b）中，$s < 0$ 对应图 4-2（a）中 $P_i < P_m$，此时 $\xi_i \geqslant 0$，表示 HST$_i$ 可能需要增加控制力，以保证与后车的安全间隔距离的同时，提高区间追踪效率；$s > 0$ 对应图 4-2（a）中 $P_i > P_m$，此时 $\xi_i \leqslant 0$，表示 HST$_i$ 可能需要减少控制力以保证与前车的安全间隔距离。

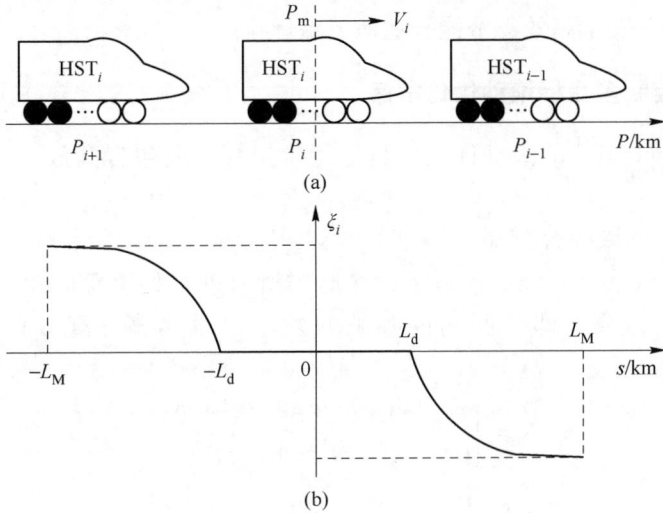

图 4-2　高速列车多车追踪特性

（a）多车追踪状态示意图；（b）追踪约束关系

4.2.3　多列车追踪特性模型描述

依据图 4-2 和上述分析，可给出多列车追踪特性模型描述如下：

$$u_i(t+1) = u_i(t) + \Delta u_i(t) \tag{4-3}$$

$$\Delta u_i(t) = \xi_i(s_i(t))\eta_i(v_i(t), u_i(t)) \tag{4-4}$$

$$\xi_i(s_i(t)) = \begin{cases} \gamma_i \tanh(s_i(t)), & |s_i(t)| \geqslant L_d \\ 0, & |s_i(t)| < L_d \end{cases} \tag{4-5}$$

$$\eta_i(v_i(t), u_i(t)) = F_i(v_i(t)) - u_i(t) \tag{4-6}$$

式中，$u_i(t)$、$\Delta u_i(t)$、$v_i(t)$、$s_i(t)$ 分别为 HST_i 当前时刻的控制力、控制力增量、运行速度、与前车间隔距离；ξ_i、η_i、F_i 分别为 HST_i 与前后列车的相对运行状态对其控制力调节量的约束函数关系、HST_i 的控制力裕量、HST_i 的控制力特性曲线；γ_i 为约束系数，为常数，且 $\gamma_i < 0$。

4.3　基于多目标优化的多列车协同预测控制

高速列车作为以安全高效、舒适绿色为服务目标的客运系统，其运行优化控制是一个多目标优化控制问题。本节将线路区间内所有高速列车的整体运营高效、节能、舒适及头车对目标速度曲线的跟踪精度设为多车追踪运行优化控制目标，并采用多目标粒子群优化算法求解该多目标优化问题。采用定义优化控制目标，结合高速列车追踪运行场景特征，提出多列车追踪运行协同预测控制方法，以实现高速列车安全高效、节能舒适地追踪运行。

4.3.1　预测控制多目标滚动优化指标

多列车协同 MPC 的滚动优化多目标评价指标主要包含高效、节能、舒适和追踪精度。

4.3.1.1　高效评价指标

在保障安全追踪间隔的前提下，区间内所有列车的追踪间距之和越小，则区间运营效率越高，即区间内能容纳的列车数量越多。高效评价指标描述如下：

$$s_i = \begin{cases} x_{i-1} - x_i & (i = 2,3,\cdots,N_z) \\ 0 & (i = 1) \end{cases} \tag{4-7}$$

$$f_L = \sum_{i=1}^{N_z} s_i \tag{4-8}$$

式中，x_i 为 HST_i 的位置；s_i 为 HST_i 与前车追踪间隔距离；f_L 为区间追踪效率评价指标；N_z 为区间内追踪运行的列车数量。

4.3.1.2　节能评价指标

多列车追踪运行能耗评价指标描述如下：

$$f_E = \int_0^{N_t} \left(\sum_{i=1}^{N_z} u_i \Delta x_i \right) dt \tag{4-9}$$

式中，f_E 为区间追踪列车总能耗评价指标；Δx_i、N_t 分别为 HST_i 在每个迭代周期内的运行距离和迭代周期总数；N_z 为区间内追踪运行的列车数量。

4.3.1.3　舒适评价指标

乘坐舒适性主要是指列车的纵向运动状态的变化给乘客带来的乘坐体验，在此定义如下：

$$a_i = \frac{dv_i}{dt}, \ r_i = \frac{da_i}{dt} \tag{4-10}$$

$$f_{c,i} = \omega_1 |a_i| + \omega_2 |r_i| \tag{4-11}$$

$$f_C = \max\{f_{c,i}\}_{i=1,2,\cdots,N_z} \tag{4-12}$$

式中，a_i、r_i 分别为 HST_i 的加速度和加速度变化率；ω_1、ω_2 为加权系数；$f_{c,i}$ 为 HST_i 的追踪平稳性指标；f_C 为区间整体舒适性评价指标，幅值越小代表区间整体追踪运行舒适性越好。

舒适性评价标准见表 4-1[120]。

表 4-1　列车乘坐舒适性评价标准

舒适度	f_C
舒适	<0.65
不舒适	0.65 ~ 1.43
极其不舒适	>1.43

4.3.1.4　追踪精度评价指标

追踪精度指标 f_a 是指头车对目标速度曲线的追踪精度，在此定义为对应公里标上的运行速度与目标速度之间的 RMSE，可描述如下：

$$f_a = \left\{ \frac{1}{N_t} \sum_{t=1}^{N_t} \left[v_i(t) - v_r(t) \right]^2 \right\}^{1/2} \quad (i = 1) \tag{4-13}$$

式中，N_t、v_i、v_r 分别为迭代计算次数，头车运行速度和对应的目标速度。

4.3.2　多列车追踪协同预测控制策略

4.3.2.1　高速列车多车协同 MPC 机制

采用上述多目标评价指标，给出高速列车多车协同 MPC 机制如图 4-3 所示。

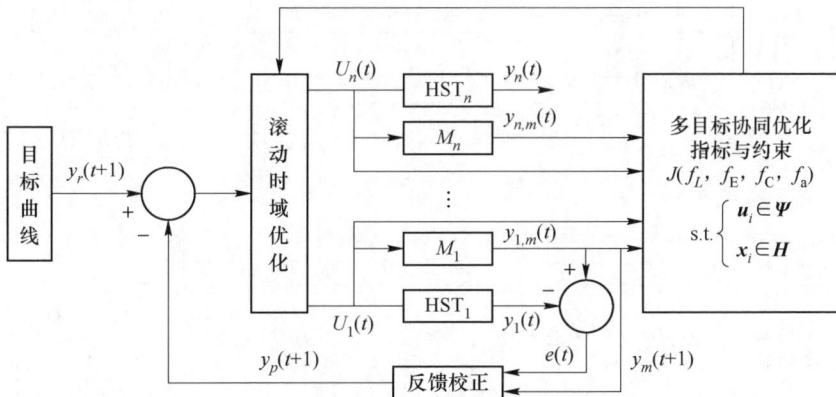

图 4-3　高速列车多车协同 MPC 原理图
M_i—高速列车的动力学模型；HST_i—实车

基于图 4-1 所示高效、可靠的网络通信，多列车追踪运行系统中各列车的运行状态实时传输到协同 MPC 控制中心（假设为头车车载电脑）。然后，图 4-3 所示多目标协同优化的滚动时域优化过程在该 MPC 控制中心进行，并将设定的最优控制律实时发送到各列车的控制单元。反馈校正部分，只考虑以头车对目标运行速度曲线的速度跟踪误差为反馈量。

依据图 4-3，将高速列车 MPC 转化为一个动态多约束下的多目标优化问题，可描述如下：

$$\min_{\boldsymbol{u}_i(j|t)} J(f_L, f_E, f_C, f_a) \qquad (i = 1, 2, \cdots, N_z; j = 1, 2, \cdots, N_p)$$

$$\text{s. t.} \begin{cases} \boldsymbol{u}_i(j \mid t) \in \boldsymbol{\Psi} \\ \boldsymbol{x}_i(j \mid t) \in \boldsymbol{H} \end{cases} \qquad (4\text{-}14)$$

式中，$\boldsymbol{u}_i$、$\boldsymbol{x}_i$ 分别为 HST_i 在 t 时刻的 MPC 输入向量和运行状态向量；$\boldsymbol{\Psi}$、$\boldsymbol{H}$ 分别为高速列车控制输入和运行状态的可行解集合。

4.3.2.2 高速列车协同 MPC 的控制律更新策略

求解上述多目标优化问题，给出高速列车协同 MPC 的控制律更新策略如图 4-4 所示。

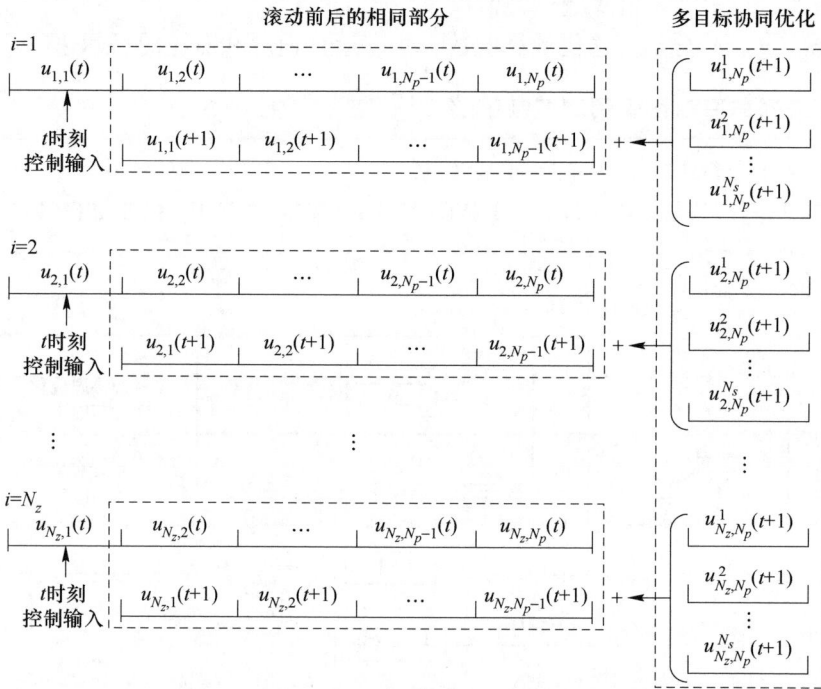

图 4-4 高速列车协同预测控制律的滚动更新策略

图 4-4 中，$u_{i,j}(t)\big|_{j=1}$ 作为当前时刻控制输入作用于 HST_i，$u_{i,j}(t)\big|_{j=2,3,\cdots,N_p}$ 滚动到下一个时刻依次成为 $u_{i,j}(t+1)\big|_{j=1,2,\cdots,N_p-1}$，新增的 $u_{i,j}(t+1)\big|_{j=N_p}$ 则通过图 4-3 所示多目标协同优化得到。

4.3.2.3 高速列车多车追踪协同 MPC 算法步骤

综上分析，给出基于多目标优化的多列车追踪协同 MPC 算法主要步骤如下。

第一步：设定高速列车动力学模型和多列车追踪特性模型的参数，并对多列车追踪协同 MPC 算法进行参数初始化。

第二步：在 t 时刻，依据式（4-14）中的控制律约束，随机生成区间内所有列车的控制律种群 $\boldsymbol{u}_{i,j}(t)\big|_{k=1,2,\cdots,N_s}$，$N_s$ 为种群规模。

第三步：依据式（4-7）～式（4-12）评价第二步中生成的控制律，并将适应度函数值代入式（4-14），采用多目标粒子群算法优化得到控制律 Pareto 解集。

第四步：根据粒子群优化偏好信息，从 Pareto 解集中筛选出最佳控制律 $\boldsymbol{u}_{i,j}(t)$，并将 $\boldsymbol{u}_{i,1}(t)$ 作为多列车追踪运行系统的当前控制量。

第五步：$t\rightarrow t+1$，返回到第二步，进行下一轮滚动优化。

4.4　多列车追踪协同控制稳定性

4.4.1　定义

多列车追踪协同控制稳定是指在多列车系统中，通过协同控制策略来实现列车之间的稳定追踪运行，定义为：（1）头车追踪给定的目标运行曲线运行，后续列车以实现线路区间整体运营的高效、节能、舒适为目标；（2）头车的追踪误差满足 $\|x_1-x_d\|_\infty<\vartheta$，其余列车追踪间距满足 $\|x_{i-1}-x_i-L_m\|_\infty<\vartheta$（$i=2,3,\cdots,$ N_z），x_d 和 $\vartheta>0$ 分别为目标位置和一个足够小的常数[62]。

4.4.2　假设条件

假设 4-1　图 4-1 所示的多列车追踪系统内部建立了高效可靠的网络通信。

假设 4-2　式（4-2）所描述系统的激活函数满足 Lipschitz 连续，即

$$\begin{aligned}|\delta(\xi)-\delta(\eta)|\leqslant C_f|\xi-\eta|\\|g(\xi)-g(\eta)|\leqslant C_g|\xi-\eta|\end{aligned} \tag{4-15}$$

式中，C_f、C_g 为正整数。

结合高速列车动力模型和多列车追踪特性模型，在此可将列车运行状态表示为：

$$\dot{x}_i=\boldsymbol{W}_{o,i}^*\boldsymbol{h}_i(t)+\varepsilon_i^*(t)+\kappa_i\Delta u_i(t) \tag{4-16}$$

式中，$\dot{x}_i$ 为 HST_i 的运行状态；$\boldsymbol{W}_{o,i}^*$、ε_i^* 分别为 HST_i 的模型最优参数和最小预测误差；$|\varepsilon_i^*|<\varepsilon_{m,i}$，$\varepsilon_{m,i}$ 为任意小正数；κ_i 为质量相关常系数。

多列车协同误差 e_i 可描述如下：

$$e_i=\begin{cases}x_i-x_d & (i=1)\\a_i(x_i-x_{i+1})+b_i(x_{i-1}-x_i) & (i=2,3,\cdots,N_z)\end{cases} \tag{4-17}$$

式中，a_i、b_i 都为常数。

4.4.3　系统协同稳定性定理及其证明

定理 4-1　移动闭塞下的多列车追踪运行，列车动力学特性见式（4-2），多列车追踪特性见式（4-3）～式（4-6）。若多列车追踪控制律满足：当 $i=1$ 时，

$$
\begin{cases}
u_i = \dfrac{1}{\xi_i(\boldsymbol{\theta}_i)}\left[x_d - \boldsymbol{W}_{o,i}^* \boldsymbol{h}_i - \lambda_i - \hat{\varepsilon}_{m,i}\tanh\left(\dfrac{e_i \hat{\varepsilon}_{m,i}}{k_i}\right) \right] - F_i(v_i)_i \\[3mm]
\lambda_i \geqslant \tilde{\varepsilon}_{m,i} + \dfrac{k_i'}{e_i}
\end{cases}
\tag{4-18}
$$

当 $i = 2, 3, \cdots, N_z$ 时，

$$
\begin{cases}
u_i = \dfrac{1}{\xi_i(\boldsymbol{\theta}_i)}\left[a_i \boldsymbol{W}_{o,i+1}^* \boldsymbol{h}_{i+1} + a_i \hat{\varepsilon}_{m,i+1}\tanh\left(\dfrac{e_i \hat{\varepsilon}_{m,i+1}}{k_{i+1}}\right) - \right. \\[3mm]
\qquad\quad b_i \boldsymbol{W}_{o,i-1}^* \boldsymbol{h}_{i-1} + b_i \hat{\varepsilon}_{m,i-1}\tanh\left(\dfrac{e_i \hat{\varepsilon}_{m,i-1}}{k_{i-1}}\right) - F_i(v_i) - \\[3mm]
\qquad\quad \left. c_i \boldsymbol{W}_{o,i}^* \boldsymbol{h}_i + c_i \hat{\varepsilon}_{m,i}\tanh\left(\dfrac{e_i \hat{\varepsilon}_{m,i}}{k_i}\right) - \lambda_i \right] \\[3mm]
\lambda_i \geqslant c_i \left| \tilde{\varepsilon}_{m,i} \right| + b_i \left| \tilde{\varepsilon}_{m,i-1} \right| - a_i \left| \tilde{\varepsilon}_{m,i+1} \right| + \dfrac{c_i k_i' + b_i k_{i-1}' - a_i k_{i+1}'}{e_i}
\end{cases}
\tag{4-19}
$$

其中
$$
\tilde{\varepsilon}_{m,i} = \varepsilon_{m,i} - \hat{\varepsilon}_{m,i}, \quad c_i = a_i - b_i
$$

式中，$\hat{\varepsilon}_{m,i}$ 为估计值；k_i' 为一个设计参数。

多列车追踪运行过程满足定理 4-1 中所述的一致稳定性。

证明　证明过程分为以下两步。

第一步：$i = 1$，由式（4-16）和式（4-17）可得协同误差的导数为：
$$
\dot{e}_i = \boldsymbol{W}_{o,i}^* \boldsymbol{h}_i + \varepsilon_i^* - x_d + \xi_i(\boldsymbol{\theta}_i)\eta_i(\boldsymbol{\theta}_i)
\tag{4-20}
$$

式中，变量都表示 t 时刻的值（为书写简洁，略写了时间 t）；$\boldsymbol{\theta}_i$ 为 HST_i 在 t 时刻的状态量（包含列车的位置，速度，控制力等）。

令 $\tilde{\boldsymbol{W}}_{o,i} = \boldsymbol{W}_{o,i}^* - \boldsymbol{W}_{o,i}$，$\boldsymbol{W}_{o,i}$ 为最优参数的估计值，式（4-20）可变为：
$$
\dot{e}_i \leqslant \tilde{\boldsymbol{W}}_{o,i} \boldsymbol{h}_i - \boldsymbol{W}_{o,i} \boldsymbol{h}_i - x_d + \varepsilon_{m,i} + \xi_i(\boldsymbol{\theta}_i)\eta_i(\boldsymbol{\theta}_i)
\tag{4-21}
$$

定义 Lyapunov 函数 V_i 如下：
$$
V_i = \frac{1}{2}e_i^2
\tag{4-22}
$$

对式（4-22）求导，并将式（4-21）代入可得：
$$
\dot{V}_i \leqslant e_i\left(\boldsymbol{W}_{o,i}\boldsymbol{h}_i + \xi_i(\boldsymbol{\theta}_i)\eta_i(\boldsymbol{\theta}_i) - x_d \right) + e_i \tilde{\boldsymbol{W}}_{o,i}\boldsymbol{h}_i + \left| e_i \varepsilon_{m,i} \right|
\tag{4-23}
$$

令 $\tilde{\varepsilon}_{m,i} = \varepsilon_{m,i} - \hat{\varepsilon}_{m,i}$，$\hat{\varepsilon}_{m,i}$ 为估计值，由双曲正切函数性质可得：
$$
0 \leqslant \left| e_i \varepsilon_{m,i} \right| - e_i \hat{\varepsilon}_{m,i}\tanh\left(\frac{e_i \hat{\varepsilon}_{m,i}}{k_i}\right) \leqslant 0.2785 k_i = k_i'
\tag{4-24}
$$

则式（4-23）可写为：

$$\dot{V}_i \leqslant e_i \left[\boldsymbol{W}_{\text{o},i} \boldsymbol{h}_i + \xi_i(\boldsymbol{\theta}_i) \eta_i(\boldsymbol{\theta}_i) - x_\text{d} + \hat{\varepsilon}_{m,i} \tanh\left(\frac{e_i \hat{\varepsilon}_{m,i}}{k_i}\right) \right] +$$

$$|e_i \hat{\varepsilon}_{m,i}| - e_i \hat{\varepsilon}_{m,i} \tanh\left(\frac{e_i \hat{\varepsilon}_{m,i}}{k_i}\right) - |e_i \hat{\varepsilon}_{m,i}| + e_i \tilde{\boldsymbol{W}}_{\text{o},i} \boldsymbol{h}_i + |e_i \varepsilon_{m,i}|$$

$$\leqslant e_i \left[\boldsymbol{W}_{\text{o},i} \boldsymbol{h}_i + \xi_i(\boldsymbol{\theta}_i) \eta_i(\boldsymbol{\theta}_i) - x_\text{d} + \hat{\varepsilon}_{m,i} \tanh\left(\frac{e_i \hat{\varepsilon}_{m,i}}{k_i}\right) \right] +$$

$$|e_i \tilde{\varepsilon}_{m,i}| + e_i \tilde{\boldsymbol{W}}_{\text{o},i} \boldsymbol{h}_i + k_i' \tag{4-25}$$

将式 (4-25) 中全局最优控制律设计为:

$$\eta_i(\boldsymbol{\theta}_i) = \frac{1}{\xi_i(\boldsymbol{\theta}_i)} \left[x_\text{d} - \boldsymbol{W}_{\text{o},i}^* \boldsymbol{h}_i - \lambda_i - \hat{\varepsilon}_{m,i} \tanh\left(\frac{e_i \hat{\varepsilon}_{m,i}}{k_i}\right) \right] \tag{4-26}$$

式中, λ_i 为一个设计参数。

将式 (4-26) 代入式 (4-25) 可得:

$$\dot{V}_i \leqslant e_i \tilde{\varepsilon}_{m,i} + k_i' - e_i \lambda_i \tag{4-27}$$

若满足

$$\lambda_i \geqslant \tilde{\varepsilon}_{m,i} + \frac{k_i'}{e_i} \tag{4-28}$$

则由式 (4-27) 可得 Lyapunov 函数的导数 $\dot{V}_i \leqslant 0$。

第二步: $i = 2, 3, \cdots, N_z$, 由式 (4-17) 可得

$$e_{x,i} = c_i x_i + b_i x_{i-1} - a_i x_{i+1} \tag{4-29}$$

由式 (4-16) 和式 (4-29) 可得:

$$\dot{e}_{x,i} = c_i(\boldsymbol{W}_{\text{o},i}^* \boldsymbol{h}_i + \varepsilon_i^*) + b_i(\boldsymbol{W}_{\text{o},i-1}^* \boldsymbol{h}_{i-1} + \varepsilon_{i-1}^*) -$$
$$a_i(\boldsymbol{W}_{\text{o},i+1}^* \boldsymbol{h}_{i+1} + \varepsilon_{i+1}^*) + \xi_i(\boldsymbol{\theta}_i) \eta_i(\boldsymbol{\theta}_i) \tag{4-30}$$

与式 (4-21) 同理, 式 (4-30) 可变换为:

$$\dot{e}_{x,i} \leqslant c_i(\tilde{\boldsymbol{W}}_{\text{o},i} \boldsymbol{h}_i - \boldsymbol{W}_{\text{o},i} \boldsymbol{h}_i + \varepsilon_{m,i}) + b_i(\tilde{\boldsymbol{W}}_{\text{o},i-1} \boldsymbol{h}_{i-1} - \boldsymbol{W}_{\text{o},i-1} \boldsymbol{h}_{i-1} + \varepsilon_{m,i-1}) -$$
$$a_i(\tilde{\boldsymbol{W}}_{\text{o},i+1} \boldsymbol{h}_{i+1} - \boldsymbol{W}_{\text{o},i+1} \boldsymbol{h}_{i+1} + \varepsilon_{m,i+1}) + \xi_i(\boldsymbol{\theta}_i) \eta_i(\boldsymbol{\theta}_i) \tag{4-31}$$

给出 Lyapunov 函数同式 (4-22)。与式 (4-23) 同理可得:

$$\dot{V}_i \leqslant e_i \left[c_i \boldsymbol{W}_{\text{o},i} \boldsymbol{h}_i + b_i \boldsymbol{W}_{\text{o},i-1} \boldsymbol{h}_{i-1} - a_i \boldsymbol{W}_{\text{o},i+1} \boldsymbol{h}_{i+1} + c_i \hat{\varepsilon}_{m,i} \tanh\left(\frac{e_i \hat{\varepsilon}_{m,i}}{k_i}\right) + \right.$$

$$\left. b_i \hat{\varepsilon}_{m,i-1} \tanh\left(\frac{e_i \hat{\varepsilon}_{m,i-1}}{k_{i-1}}\right) - a_i \hat{\varepsilon}_{m,i+1} \tanh\left(\frac{e_i \hat{\varepsilon}_{m,i+1}}{k_{i+1}}\right) + \xi_i(\boldsymbol{\theta}_i) \eta_i(\boldsymbol{\theta}_i) \right] +$$

$$c_i(|e_i \tilde{\varepsilon}_{m,i}| + e_i \tilde{\boldsymbol{W}}_{\text{o},i} \boldsymbol{h}_i + k_i') + b_i(|e_i \tilde{\varepsilon}_{m,i-1}| + e_i \tilde{\boldsymbol{W}}_{\text{o},i-1} \boldsymbol{h}_{i-1} + k_{i-1}') -$$

$$a_i(|e_i \tilde{\varepsilon}_{m,i+1}| + e_i \tilde{\boldsymbol{W}}_{\text{o},i+1} \boldsymbol{h}_{i+1} + k_{i+1}') \tag{4-32}$$

将式 (4-32) 最优控制律设计为:

$$\eta_i(\boldsymbol{\theta}_i) = \frac{1}{\xi_i(\boldsymbol{\theta}_i)} \left[a_i \boldsymbol{W}_{\text{o},i+1}^* \boldsymbol{h}_{i+1} + a_i \hat{\varepsilon}_{m,i+1} \tanh\left(\frac{e_i \hat{\varepsilon}_{m,i+1}}{k_{i+1}}\right) - b_i \boldsymbol{W}_{\text{o},i-1}^* \boldsymbol{h}_{i-1} - \right.$$

$$\left. c_i \boldsymbol{W}_{\text{o},i}^* \boldsymbol{h}_i + b_i \hat{\varepsilon}_{m,i-1} \tanh\left(\frac{e_i \hat{\varepsilon}_{m,i-1}}{k_{i-1}}\right) + c_i \hat{\varepsilon}_{m,i} \tanh\left(\frac{e_i \hat{\varepsilon}_{m,i}}{k_i}\right) - \lambda_i \right] \tag{4-33}$$

然后将式（4-33）代入式（4-32）可得：

$$\dot{V}_i \leqslant c_i \left| e_i \tilde{\varepsilon}_{m,i} \right| + b_i \left| e_i \tilde{\varepsilon}_{m,i-1} \right| - a_i \left| e_i \tilde{\varepsilon}_{m,i+1} \right| + c_i k_i' + b_i k_{i-1}' - a_i k_{i+1}' - e_i \lambda_i$$

（4-34）

若满足

$$\lambda_i \geqslant c_i \left| \tilde{\varepsilon}_{m,i} \right| + b_i \left| \tilde{\varepsilon}_{m,i-1} \right| - a_i \left| \tilde{\varepsilon}_{m,i+1} \right| + \frac{c_i k_i' + b_i k_{i-1}' - a_i k_{i+1}'}{e_i}$$

（4-35）

则由式（4-34）和式（4-35）可得 $\dot{V}_i \leqslant 0$。

综上两步证明可知，本节所描述的多列车追踪系统满足定理 4-1 中一致稳定性。证明完毕。

4.5　实　验　验　证

4.5.1　实验设置

本章以国内某条高速铁路某线路区间内运行的 CRH380AL 型高速列车作为仿真实验对象。基于现场采集的四列该型号高速列车的运行数据（见图 4-5），在 MATLAB 平台上仿真验证本章建模和协同优化控制方法的有效性。

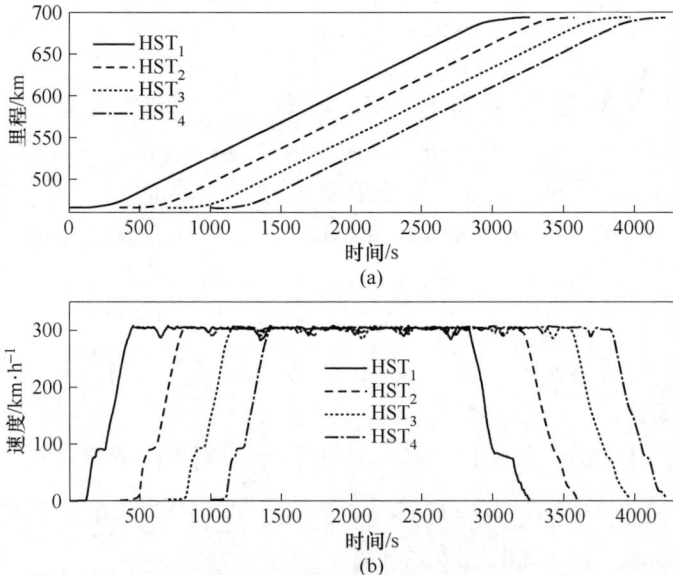

图 4-5　高速列车现场运行数据

（a）里程；（b）速度

仿真实验参数设置为控制周期 $\Delta T = 1\,\mathrm{s}$，预测时域 $N_p = 20\,\mathrm{s}$，仿真时间 $N_t = 3500\,\mathrm{s}$。结合该型号高速列车特性，并充分考虑多列车追踪运行安全和效率，将

图 4-2 中多列车追踪特性模型参数初始化为 $L_M = 6500$ m，$L_d = 500$ m。

使用现场采集的 4 列高速列车产生的 4000 组运行数据，进行高速列车 ESNs 速度预测模型的训练和测试。对 ESNs 模型的速度预测效果进行 5 轮独立测试，测试结果及其主要模型参数见表 4-2。由表 4-2 可知，建立的高速列车 ESNs 速度预测模型能较好地满足速度预测精度和可靠性要求。后续仿真实验，将采用该模型描述高速列车的动力学特性，并选用第一组模型参数。

表 4-2 高速列车 ESNs 动力学模型速度预测实验结果

序号	λ_1	λ_2	RMSE	SD
1	1.607	0.2401	5.082×10^{-3}	4.09×10^{-5}
2	1.587	0.2386	5.110×10^{-3}	5.21×10^{-5}
3	1.418	0.1542	5.071×10^{-3}	4.18×10^{-5}
4	1.534	0.2310	5.102×10^{-3}	4.68×10^{-5}
5	1.931	0.2561	5.103×10^{-3}	4.47×10^{-5}

4.5.2 仿真结果与分析

4.5.2.1 追踪运行控制策略

为了验证本章所提出的多列车追踪优化控制方法的有效性，在此使用 4 种追踪运行控制策略开展多列车追踪运行控制效果对比仿真实验。

4 种控制策略分别为：控制策略①——现场数据对应的操纵经验；控制策略②——其他文献中常用的考虑单车追踪运行优化的控制策略；控制策略③——多列车追踪只考虑最小追踪间隔控制策略[62]；控制策略④——本章给出的多列车追踪多目标协同优化控制策略。

4.5.2.2 控制策略运行效果

仿真实验分为两组，分别考虑高速列车追踪运行过程中，没有遇到突发线路条件变化（无限速突变），以及遇到突发线路条件变化（有限速突变）两种情况。控制策略①中现场数据的发车间隔为 HST$_1$ 与 HST$_2$ 间隔 6 min，HST$_2$ 与 HST$_3$ 间隔 5 min，HST$_3$ 与 HST$_4$ 间隔 4 min；控制策略②采用的发车间隔都为 5 min；控制策略③采用的发车间隔都为 6500 m，控制策略④采用的发车间隔为 2 min。

A 无限速突变

采用上述参数设置和 4 种控制策略，分别控制 4 列 HST 追踪同一条给定的目标速度曲线运行，其他运行条件与现场运行条件保持一致，仿真实验结果见表 4-3。

表 4-3　高速列车追踪运行效果评价（无限速突变）

控制策略	$f_E/kW \cdot h$	f_L/km	f_C	f_a
①现场数据	27860	47.419	0.424	—
②单车优化	26501	45.162	0.315	2.566
③最小间隔	26793	16.549	0.714	2.651
④本章方法	2659	18.065	0.571	2.944

　　由表 4-3 可知，控制策略②~④对应的运行效果相比现场数据，在降低牵引能耗和提高线路运营效率方面都有明显改善，其中本章方法取得了较好的协同优化控制效果。同时，本章方法也较好地保障了所有高速列车的乘坐舒适性。而控制策略②在追求最小追踪间隔的过程中，难以保障高速列车的乘坐舒适性，导致评价指标落在了不舒适的区域（详见表 4-1 中评价指标）。

　　采用本章方法的多列车追踪协同优化控制效果如图 4-6 所示。

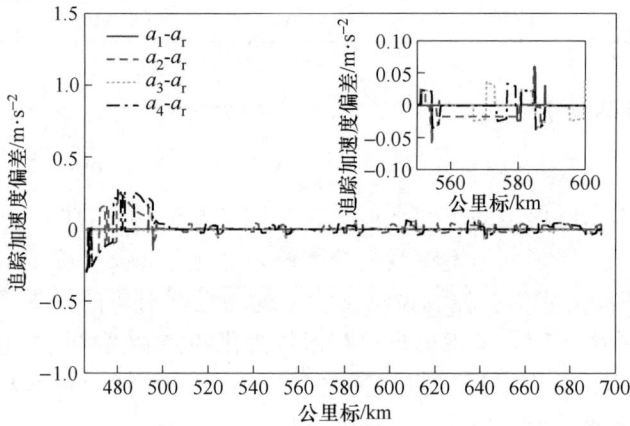

(a)

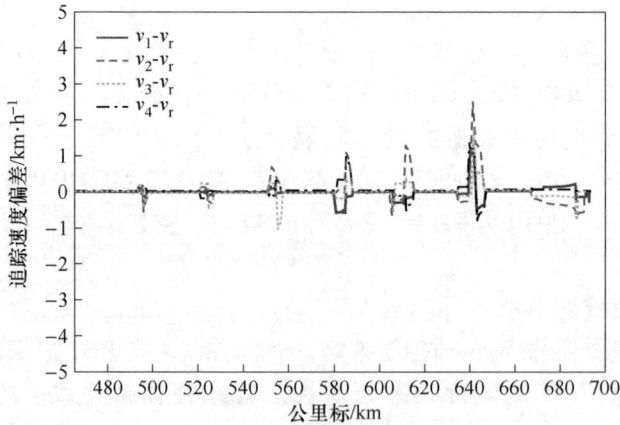

(b)

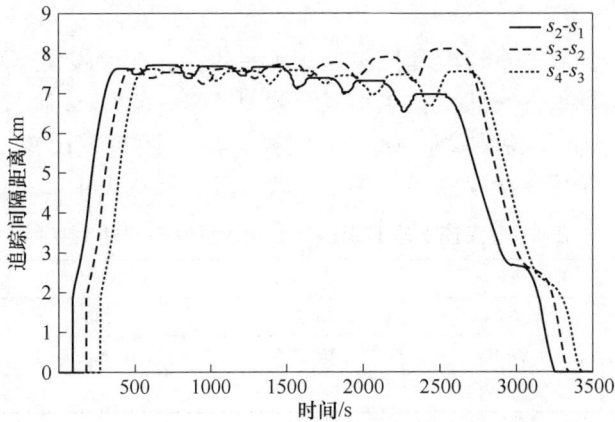

(c)

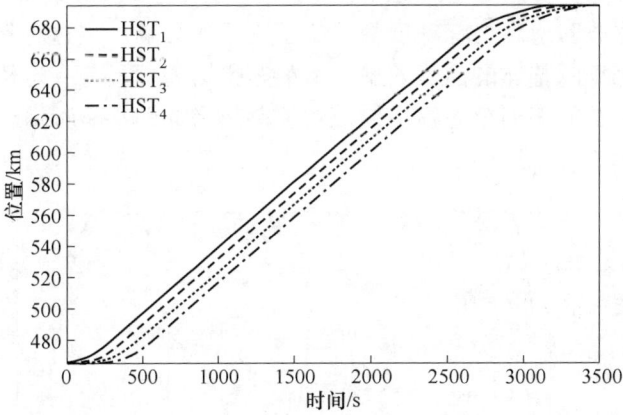

(d)

图 4-6　高速列车多车追踪协同优化控制仿真效果（无限速突变）

（a）追踪加速度偏差；（b）追踪速度偏差；（c）追踪间隔距离；（d）列车位置

图 4-6（a）和（b）中，在列车车队还未展开追踪队形阶段，加速度偏差波动将较大，速度偏差值设为零。由图 4-6（a）和（b）可知，本章协同优化控制方法能够保障 4 列高速列车对目标曲线较精确的追踪，加速度偏差幅值控制在 0.05 m/s² 内，速度偏差满足不超过最高运行速度 ±2%（±6 km/h）的要求[27]。

由图 4-6（c）和（d）可见，多列车追踪运行过程中，高速列车之间能够保持稳定的追踪间距。在头车 HST_1 进站阶段，HST_1 与 HST_2 开始降速、追踪间隔减小，而在这个阶段 HST_3 需要保持较高的运行速度以兼顾其与 HST_4 的安全追踪间距，以及线路的整体运营效率。

因此，HST_3 通过提前拉开与 HST_2 的间距（如图 4-6（c）虚线所示），以抵消 HST_3 与 HST_2 相对速度幅值增大对后续列车追踪运行状态的影响；在该阶段，HST_4 与 HST_3 保持平稳间距的同时，变化趋势与前方列车间距变化趋势基本一致。

B　有限速突变

为了进一步验证本章建模和控制方法的有效性，在此假设车队追踪运行过程中，遭遇前方运行条件突然变化，引发公里标 592~598 km 区段内的限速突变，限速值从 315 km/h 下降到 285 km/h。同样采用上述参数设置，使用控制策略②~④追踪同一条目标速度曲线，仿真实验计算结果见表 4-4。

表 4-4　高速列车追踪运行效果评价（有限速突变）

控制策略	$f_E/kW·h$	f_L/km	f_C	f_a
②单车优化	26540	46.273	0.346	3.733
③最小间隔	27083	17.315	0.962	3.632
④本章方法	26908	18.287	0.645	4.115

由表 4-4 可知，多列车追踪运行过程中遭遇限速突变，对车队整体的能耗、运营效率、舒适性和速度追踪精度都产生了明显的影响。在这种情形下，本章所提出方法在保持车队整体的运营效率、节能等指标方面具有一定优势。

采用本章方法的多列车追踪协同优化控制效果如图 4-7 所示。

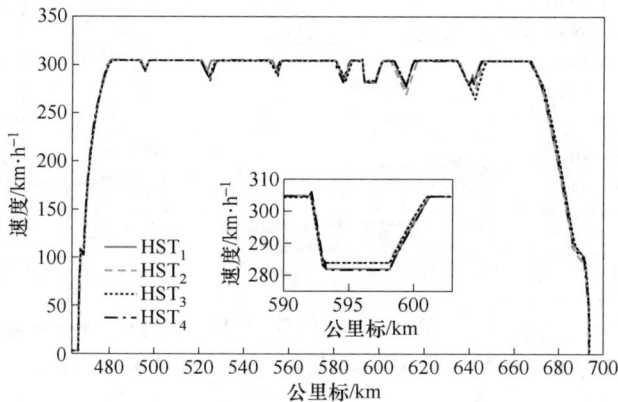

(a)

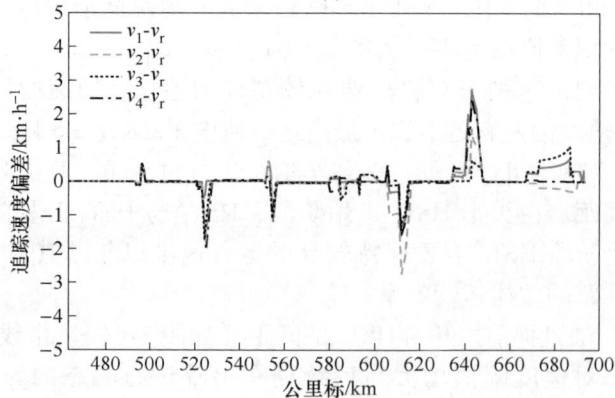

(b)

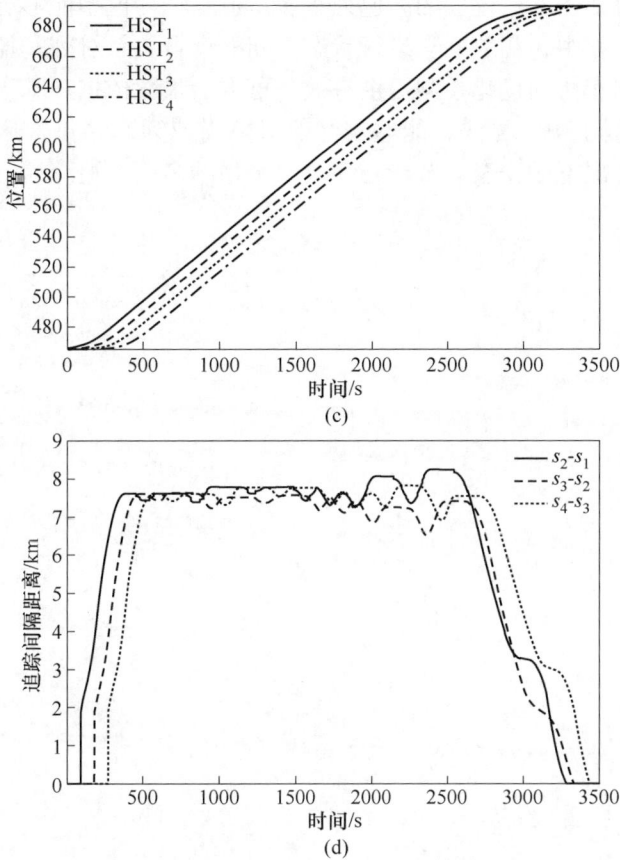

图 4-7　高速列车多车追踪协同优化控制仿真效果（有限速突变）
（a）追踪"速度-里程"曲线；（b）追踪速度偏差；（c）列车位置；（d）追踪间隔距离

由图 4-7（a）和（b）可知，本章协同优化控制方法能够保障多列车追踪运行过程在遭遇限速突变时保持较好的速度追踪精度，速度偏差总体在 ±3 km/h 之内。

由图 4-7（c）和（d）可知，多列车追踪运行过程中遭遇限速突变后，车队能够保持稳定的安全追踪间隔距离。受到限速突变的影响，多列车追踪的速度、间距都在接近限速突变区段时出现下降。车队在通过限速突变区段后，需要提速以保障线路区间的整体运营效率。头车 HST_1 在进站前的阶段保持较高速度以保障线路运营效率，其与 HST_2 的间距增大。同理 HST_3 也进行提速以保持与后车的间距、车队的整体效率。由于 HST_1 进站阶段降速幅度较大，HST_2 的加速过程受到限制，使得 HST_3 与 HST_2 的追踪间距减小。HST_4 与 HST_3 的追踪间距也增大，变化趋势和 HST_2 与 HST_1 间距的变化趋势基本一致。

　　综上分析可知，本章建立的高速列车多车追踪特性模型能够有效地描述高速列车追踪运行过程中，相邻列车运行状态之间的耦合关系对列车控制输入的约束作用，可为多列车协同优化控制提供有效、可靠的量化依据。基于该模型提出的多列车多目标协同 MPC 方法，能够较好地保障高速列车在正常运营条件和遭遇运行条件突变情况下的安全、节能、高效、平稳的多列车追踪运行。

5 重载列车动力学建模与
车钩力预测技术

在深入调研与分析重载列车控制系统、钩缓系统功能与结构的基础上，提出基于钩缓系统阻抗特性曲线的车钩力更新策略，采用纵向动力学迭代计算方法，建立重载列车车钩力预测模型。该车钩力预测模型可根据重载列车控制量、运行状态变化，对车体内关键部位的车钩受力进行实时预测。车钩力实时预测结果可为重载列车自动驾驶的目标曲线在线设定和整车一体化平稳控制的实现提供实时依据，以保障万吨重载列车在各种运行工况下的车钩和行车安全[202]。

5.1 列车特性分析

5.1.1 列车力学特性

研究对象是大秦线运行的由 HXD1 机车牵引的长大重载列车。HXD1 型电力机车是由两节完全相同的 4 轴电力机车通过内重联环节连接组成的 8 轴重载货运电力机车，每节车设有一个司机室，为一个完整的系统。这里对列车的力学特性曲线和基本性能参数进行描述。HXD1 机车力学特性曲线包含牵引力特性曲线和电制动力特性曲线，如图 5-1 所示。

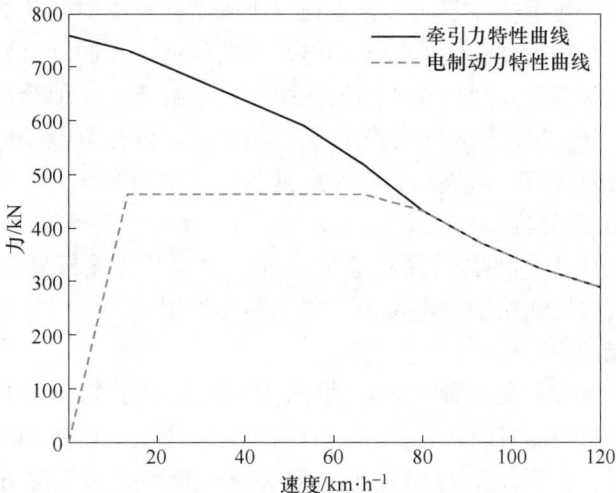

图 5-1　HXD1 机车力学曲线

牵引力特性公式：

$$F_T = \begin{cases} 760 & v \in [0,5] \\ 760 - (v-5) \times 228/65 & v \in (5,65] \\ 9600 \times 3.6/v & v \in (65,120] \end{cases} \tag{5-1}$$

制动力特性公式：

$$F_B = \begin{cases} 461 \times v/5 & v \in [0,5] \\ 461 & v \in (5,75] \\ 9600 \times 3.6/v & v \in (75,120] \end{cases} \tag{5-2}$$

5.1.2 HXD1 机车制动系统

为使列车能够实施制动和缓解而安装于列车上的一整套装置，总称为列车制动装置，有时"制动"与"制动装置"均简称为"闸"，实施制动简称为"上闸"，使得制动得到缓解简称为"松闸"。HXD1 机车的空气机车制动系统采用了 CCBII 制动机，HXD1 型大功率电力机车制动系统具备自动制动、单独制动、紧急制动、后备空气制动等。

5.1.2.1 自动制动

CCBII 制动机功能靠大闸手柄在不同位置实现，大闸手柄在不同位置决定列车管产生不同减压量，在机车自动制动时，列车空气制动和机车电制动将同时进行，电制动的制动级别与列车管中的压力减小量一致。紧急制动或惩罚制动（非司机主动操作引起的机车制动，如监控发出的制动命令及故障引起的制动等）时，切除动力。

5.1.2.2 单独制动

单独制动靠小闸手柄在不同位置实现，小闸手柄在不同的位置决定制动缸的压力。单独制动手柄还具有快速缓解功能，该功能通过在制动区斜推小闸手柄实现，此项操作可以缓解大闸控制所施加的机车制动缸压力，但会保持小闸控制所产生的制动力；电子制动阀有 1 个气动阀，当大闸手柄置紧急位时，不管机车或电池电压处于何种状态，该气动阀将实施紧急空气制动。

5.1.2.3 紧急制动

紧急制动可通过大闸手柄置紧急位实现，也可通过按压紧急制动阀按钮实现，同时列车断钩及惩罚制动也可引起紧急制动作用。

5.1.2.4 后备制动

靠空气制动阀（后备的制动阀）手柄在不同位置上的停留时间实现，空气制动阀在位置上的停留时间决定了不同的列车管减压量，后备制动作用仅在电子制动失效后启用，在正常运行状态下，空气制动阀手柄被拆除并存放在指定的地方。

自动空气制动与电制动（ED）制动控制协调一致，且能够互锁，当使用自动制动时，也可用电制动，而机车上的自动制动则受限制。制动控制单元通过MVB发送自动制动控制命令至机车的主控制系统。如果机车的电制动可用，就可以操作自动制动手柄来激活它。当机车使用电制动时，制动缸的压力会缓解。

5.1.2.5 电制动

电制动由自动制动手柄和主司控器手柄来控制，完成更高的制动请求。如果电制动系统失败（通过自动制动手柄发出制动请求），将切除电制动，与自动制动互锁失效，根据制动请求启用空气制动。操作单独制动手柄只会影响到机车的单独制动。当单独制动手柄在电子制动阀（EBV）的制动区时，将会激活本务机车和重联机车制动。当单独制动手柄在运转位时，本务机车和重联机车将缓解。当施加单独制动且制动缸压力达到一定的值时（最大40 kPa），电制动切除，因而机车自身不会同时空气制动和电制动（这句话的理解指的是机车只施加单独制动（小闸）时，制动缸压力达到一定的值，电制动会切除，只有机车空气制动；当机车使用大闸时，机车和车辆的空气制动力都有，而且施加了电制动力时，电制动力的大小和列车管的减压量成正比关系）[203]。

5.1.3 机车和货车基本阻力

5.1.3.1 运行基本阻力

HXD1（23 t/25 t）单位运行基本阻力 w_0（N/kN）：

$$\omega_0 = 1.20 + 0.0065v + 0.000279v^2 \tag{5-3}$$

式中，v 为列车运行速度，km/h。

货车单位运行基本阻力（N/kN）（适用于最高速度100 km/h）：

货车重车：
$$\omega_0' = 0.92 + 0.0048v + 0.000125v^2 \tag{5-4}$$

货车空车：
$$\omega_0' = 2.23 + 0.0053v + 0.000675v^2 \tag{5-5}$$

式（5-4）和式（5-5）前两项描述列车滚动阻力，第三项速度的平方项用于表征空气阻力的影响。

5.1.3.2 单位启动基本阻力

机车启动基本阻力 w_q' 取 5 N/kN；货车启动基本阻力 w_q'' 取 3.5 N/kN。

5.1.4 机车车辆单位附加阻力

5.1.4.1 坡道附加阻力

机车车辆单位附加阻力 ω_i（N/kN），其数值等于坡道坡度的千分数，i 为坡道坡度，上坡取正值，下坡取负值。

5.1.4.2 曲线附加阻力

在圆曲线上运行的机车车辆，其单位曲线附加阻力 ω_r（N/kN）计算如下：

$$\omega_r = \frac{600}{R} \tag{5-6}$$

式中，R 为曲线半径，m。

5.1.4.3　隧道附加阻力

机车车辆在隧道内的运行单位空气附加阻力 ω_s，由实验测得。暂未考虑隧道阻力。

5.2　车钩特性分析

5.2.1　间隙效应

由于结构需要和部件磨耗原因，车钩缓冲器装置中必然存在自由间隙，自由间隙的存在使得车辆间发生相对运动时，部分相对位移无缓冲器阻抗力。自由间隙大，则无缓冲器阻抗力的走行距离长，使得列车的纵向冲动增大，这种现象通常称为间隙效应，这种效应容易导致列车断钩。

5.2.2　车钩和缓冲器参数

车钩特性参数及其缓冲器特性参数分别见表 5-1 和表 5-2。

表 5-1　车钩参数

车钩型号	车钩间隙/mm	车钩静拉破坏力/kN	适用牵引量/kt
13	11.5	3800	>5
16	9.5	3432	5~10
17			

表 5-2　缓冲器参数

缓冲器型号	初压力/kN	最大阻抗力/kN	行程/mm	容量/kJ	能量吸收率/%	备　注
MT-2	≥100	≤2270	≤83	≥50	≥80	弹簧干摩擦式
QKX100	100~250	≤2500	≤83	≥100	≥80	弹性胶泥式

5.2.3　钩缓装置力学特性

由于钩缓系统的特殊结构，钩缓装置力学特性主要由以下几个要素组成：

（1）冲击速度。随着列车运行速度的提高、轴重和列车总重的增加，车辆间的纵向冲击呈非线性增长，30 t 轴重的重载列车，缓冲器设计时冲击速度应不小于 10 km/h。

（2）阻抗力。缓冲器阻抗力应与车体强度相匹配，不能超过车体所能承受的纵向载荷。《铁道车辆强度设计及试验鉴定规范》(TB/T 1334—1996) 中规定：当以 8 km/h 冲击速度进行车辆冲击试验时，最大车钩力应不大于 2250 kN。MT-2、MT-3 型缓冲器的阻抗力分别设定为不大于 2250 kN、2000 kN。

（3）容量。容量与冲击速度、车辆总重相关。

（4）行程。增大行程有利于提高缓冲器的容量，但行程增大后，一是要增大列车的弹性连挂间隙；二是必须同步加大钩肩与冲击座之间的距离。为保证缓冲器的互换性，缓冲器工作行程定为不大于 83 mm，自由行程以 91 mm 左右为宜。

（5）吸收率。吸收率是缓冲器工作中消耗的能量与容量之比，吸收率越大，缓冲性能就越好。但是，当吸收率达到百分之百时缓冲器将不能复位。根据国内外试验研究及运用经验，缓冲器的吸收率定为不小于 80% 为宜。

（6）初压力。初压力是指缓冲器装车后的预压缩力。缓冲器具有一定的初压力是非常重要的，增大初压力就可以提高缓冲器的容量，但初压力也不是越大越好。初压力过大将使列车在启动、调速和常用制动等工况下的纵向冲动加大，不利于列车纵向平稳性；理论上初压力越小，对冲击越敏感，越能发挥缓冲作用，但在实际应用中，尤其对长大货物列车，当初压力过小时，从全局来看，由于缓冲器频繁动作，在长大列车中增加了多重复合振动，使列车产生了"抖动"效应，反而会恶化列车的纵向稳定性，同时加剧车辆及缓冲器的磨耗。由于运行中车辆结构及缓冲器的磨耗会衰减缓冲器的初压力，因此，新型缓冲器的初压力以 50～300 kN 为宜，货车缓冲器的初压力应大于列车在正常运行的牵引力，取在 100～150 kN 为宜。

5.3　车钩力预测

钩力建模主要考虑钩缓特性建模，主要研究两类钩缓系统，13A/QKX100 钩缓系统和 MT-2 型钩缓系统。

5.3.1　13A/QKX100 钩缓系统

5.3.1.1　组成

13A/QKX100 钩缓系统由车钩头、钩尾框、钩尾销、QKX100 型缓冲器、吊杆、缓冲器冲击块等组成，系统结构如图 5-2 所示。

5.3.1.2　工作原理

A　车钩压力传递顺序

当 13A/QKX100 钩缓系统承受拉力时，车钩压力传递顺序为：车钩头—车钩扁销—钩尾框—后从板—缓冲器—前从板—底架，此时车钩力由钩尾框传向从

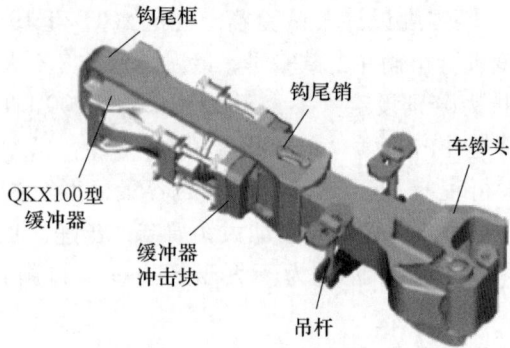

图 5-2　13A/QKX100 钩缓系统

板，所以钩尾与前从板间的摩擦面没有相互作用。但当其承受纵向压力时，车钩压力传递顺序为：车钩头—车钩尾圆弧面—前从板圆弧面—缓冲器—后从板—底架。钩尾框基本不承力，只是当前从板在压力作用下与车钩进一步移动时扁销带动钩尾框一起移动，此时扁销和钩尾框承力均很小。也就是说，此时车钩力主要通过钩尾直接传递给从板。

综合上述分析可知，当 13A/QKX100 钩缓系统承受纵向压力时，在从板与钩尾间的摩擦弧面的作用下，如果两个面有相对运动或相对运动趋势则会有相应的动摩擦或静摩擦力产生。而这个摩擦力的作用是阻止两者之间相对运动的发生，以此提供稳钩作用力矩。

B　钩缓系统稳钩原理

钩缓系统的稳钩原理旨在降低钩缓过程中的冲击力和振动，保证车辆连接的稳定性和安全性。通过适当设计和调整钩缓系统的组件和参数，可以实现平稳、安全的车辆钩缓过程，减少对车辆和乘客的不利影响，钩缓系统稳钩原理图如图 5-3 所示。

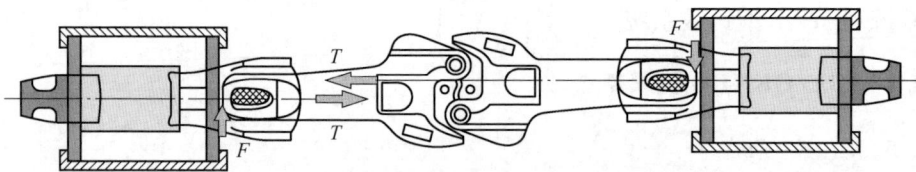

图 5-3　13A/QKX100 钩缓系统稳钩原理图

如果前后车体有相对偏离，在车钩压力 T 作用下，车钩的倾倒力臂远小于两个摩擦面的间距，如果摩擦系数为 μ，理论上摩擦弧面能够稳定的车钩偏度约为 $\arctan\mu$。F 为钩尾摩擦面产生的摩擦力。

如果在车钩发生偏转的初始阶段向车钩施加一个摩擦稳钩力矩就可以很好地

限制车钩摆角的进一步增大，从而实现较优的钩缓系统动态特性，降低钩缓系统对机车动力学性能的不良影响，增强机车的安全性。

5.3.1.3　钩缓特性

机车采用 QKX100 型弹性胶泥缓冲器，新型运煤专用敞车则主要采用 MT-2 型摩擦缓冲器。车钩力的数学模型由缓冲器的数学模型及附加阻尼力两部分组成。

A　缓冲器阻抗特性模型

在建立缓冲器数学模型时，可根据缓冲器通过落锤试验得出加载与卸载特性曲线定义为两个以其耦合点相对位移 x 为变量的函数 $-f_u(x)$ 和 $f_l(x)$。将试验过程中所采集的同一时刻缓冲器的位移与车钩力的数值绘制在一张图上，即得到缓冲器的特性曲线。

QKX100 型弹性胶泥缓冲器阻抗特性曲线如图 5-4 所示，其中不仅考虑了车钩缓冲器在拉钩力和压钩力作用下都是受压的性质，而且还包括了车钩间隙、缓冲器初压力、底架刚性冲击等因素。

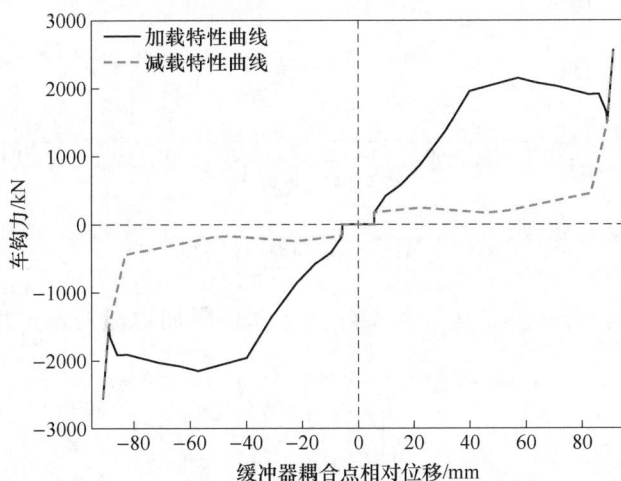

图 5-4　QKX100 型弹性胶泥缓冲器阻抗特性曲线

B　车钩力模型

利用特性曲线，可以找出缓冲器的位移与阻抗力之间的关系，因此 QKX100 型缓冲器可以用式（5-7）描述车钩力。

$$F = \begin{cases} f_u & \Delta v \geqslant v_e \\ f_3 + (f_u - f_3)\dfrac{\Delta v}{v_e}\text{sign}(\Delta v) & -v_e < \Delta v < v_e,\ f_3 = \dfrac{f_u + f_l}{2} \\ f_l & \Delta v \leqslant -v_e \end{cases} \qquad (5\text{-}7)$$

式中，F 为车钩力；f_u 为加载时缓冲器的阻抗力；f_1 为卸载时缓冲器的阻抗力；f_3 为缓冲器阻抗力的均值；Δv 为相邻两车的速度之差；v_e 为缓冲器转换速度。

5.3.2　MT-2 型钩缓系统

在列车纵向动力学分析中，通常将相邻的一对车钩缓冲器综合起来研究，考虑车钩间隙及一对缓冲器串联阻抗特性。基于大量缓冲器的冲击试验结果，绘制如图 5-5 所示的 MT-2 型缓冲器阻抗特性曲线[204-205]。

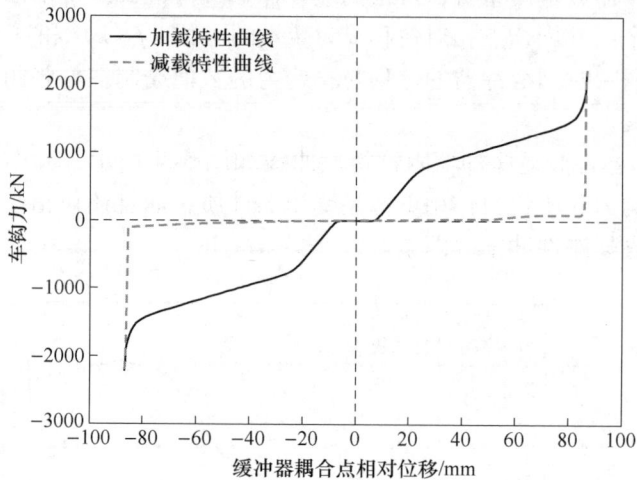

图 5-5　MT-2 型缓冲器阻抗特性曲线

为了在数值积分中模拟缓冲器实际的干摩擦阻尼迟滞特性，用式（5-8）描述车钩力。

$$F(x_t, v_t) = \begin{cases} f_u(x_t) & |x_t| \geqslant |x_{t-\Delta t}| \\ f_1(x_t) & |x_t| < |x_{t-\Delta t}| \end{cases}$$

$$F(x_t, v_t) = F(x_{t-\Delta t}, v_{t-\Delta t}) + k(x_t - x_{t-\Delta t})$$

$$|f_1(x_t)| \leqslant |F(x_t, v_t)| \leqslant |f_u(x_t)| \tag{5-8}$$

式中，F 为车钩力；f_u 为加载时缓冲器的阻抗力；f_1 为卸载时缓冲器的阻抗力；x_t、$x_{t-\Delta t}$ 分别为缓冲器前后两车当前步长和前一步长的相对位移；v_t、$v_{t-\Delta t}$ 分别为缓冲器前后两车当前步长和前一步长的相对速度；k 为缓冲器的刚度。

5.3.3　车钩力建模预测

根据列车运行数据和列车实际的运行环境，建立重载列车运行过程的多质点纵向动力学模型，如图 5-6 所示。

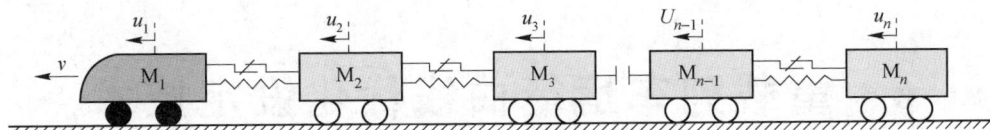

图 5-6　重载列车多质点模型示意图

把每节列车看为一个质点，分析每个质点的受力情况，可建立重载列车运行过程第 i 个质点的纵向动力学模型：

$$m_i a_i = F_{\mathrm{CR}i} - F_{\mathrm{CF}i} - W - F_{\mathrm{B}i} + F_{\mathrm{T}i} - F_{\mathrm{D}i} \tag{5-9}$$

式中，$m_i a_i$ 为惯性力；$F_{\mathrm{CR}i}$ 为前车钩力；$F_{\mathrm{CF}i}$ 为后车钩力；W 为附加阻力；$F_{\mathrm{B}i}$ 为空气制动力；$F_{\mathrm{T}i}$、$F_{\mathrm{D}i}$ 分别为机车牵引力与电制动力。

其中，重载列车的钩缓系统的受力特性主要由缓冲器决定，根据缓冲器通过冲击试验得出加载与卸载特性曲线，再基于缓冲器特性曲线，建立车钩受力分析模型。建立的车钩力模型不仅充分考虑车钩缓冲器在拉钩力和压钩力的动态特性，而且还包括车钩间隙、缓冲器初压力、底架刚性冲击等因素。本书拟采用"翟方法"迭代进行车钩力模型计算，以预测重载列车各个质点在各工况运行时的车钩力。

6 重载列车运行曲线优化设定技术

6.1 重载列车驾驶操纵目标

6.1.1 重载列车目标速度曲线优化设定目标

列车目标速度曲线优化设定的目标一般主要包含安全、平稳、节能、准点和停车精度。但是重载列车因其编组车辆数多、停车车站长的特点，停车精度相对于其他目标来说重要性较低，因此这里不作为重载列车运行优化的目标，而其他四个目标则是评价司机操纵优劣的重要指标，但各个指标之间有优先级之分[206]。

列车安全是重载列车运行的首要目标，一旦列车的安全运行不能保障，将会带来无法挽回的严重后果[207]。列车操纵的平稳性是应尽量满足的目标，因重载列车是大惯性、滞后系统，司机从改变操纵到列车真正按照指令动作有一定的延时，并且操纵的突变对车钩的影响巨大，也会造成列车的安全隐患。列车节能一直是各界关注的问题，也是诸多专家学者的研究热点，对运营成本影响巨大，因此，节能目标应作为满足安全指标的前提条件下尽可能满足的目标[208]。准点性对重载列车而言没有旅客列车重要，因其往往受到铁路交通信号的影响，比如临时限速、停车让行等，对于列车离线优化来说，不考虑交通信号干扰的情况下，应尽量满足列车准点的要求。

6.1.2 重载列车运行优化目标定义函数

6.1.2.1 安全评价函数

列车安全是列车运行的首要目标，用列车速度 v_t 离限速 v_{limit} 的裕量表述安全评价函数如下：

$$f_s = v_{limit} - v_t \tag{6-1}$$

6.1.2.2 平稳评价函数

列车平稳性与列车力的变化有关，因制动力的发挥很大一部分靠空气制动，空气制动模型描述较为复杂，故评价函数中仅考虑牵引力的变化，平稳评价函数表达式如下：

$$f_c = \left[\frac{1}{N} \sum_{k=1}^{N} (F_k - F_{k-1})^2 \right]^{1/2} \tag{6-2}$$

式中，N 为迭代计算次数；F_k、F_{k-1} 分别为列车当前时刻、前一时刻的牵引力大小。

6.1.2.3　节能评价函数

列车能耗是直接影响铁路运营成本高低的重要因素，是评价列车优化操纵的重要指标，用牵引力与行走距离的乘积来表示牵引能耗值，平稳评价函数表达式如下：

$$f_e = \sum_{k=1}^{N} F_k \cdot \Delta s \qquad (6\text{-}3)$$

式中，F_k 为列车当前时刻的牵引力大小；Δs 为列车单位时间内的运行距离。

6.1.2.4　准点评价函数

列车区间运行时间与列车在该区段内的运行速度有关，评价函数中用列车跟踪的目标速度及该目标在所有目标中所占的比重来体现，表达式为

$$f_t = \sum_{k=1}^{N} \left(E_k - \frac{1}{2} m v_{\text{des.}k}^2 \right)^2 \qquad (6\text{-}4)$$

式中，E_k 为列车每步长的动能；m 为列车质量；$v_{\text{des.}k}$ 为列车每步长跟随的目标速度。

基于以上评价指标，重载列车的优化操纵应在满足安全运行的前提条件下，使得列车尽可能节能，还要兼顾列车的准点运行和平稳运行。在预测区间进行滚动优化的离散形式多目标评价函数定义如下：

$$J = w_1 f_s + w_2 f_c + w_3 f_e + w_4 f_t \qquad (6\text{-}5)$$

式中，w_1、w_2、w_3、w_4 分别为安全、平稳、节能、准点指标的权重。

6.2　重载列车运行约束条件

在重载列车运行过程中，列车驾驶操纵受到线路运行条件（信号限速、临时限速）、列车自身性能条件等因素的限制[209]，目标运行曲线优化设定是一个动态约束下的多目标优化问题[210]。其主要约束包含速度约束、牵引力/制动力约束、纵向力约束、能量守恒约束，下面具体分析。

6.2.1　速度约束

列车在区间运行过程中车速要受到防护曲线的约束，防护曲线要根据线路限速数据生成，具体如下：

（1）当前限速小于下一限速时。已知当前限速区 L1 和下一限速区 L2 的起始点公里标及限速值，因当前限速值小于下一限速值，列车车头通过限速区末端时，由于列车有一定长度，当列车尾部通过限速区 L1 末端时，列车才能加速。

（2）当前限速大于下一限速，且下一限速非停车指令时。已知当前限速区 L1 和下一限速区 L2 的起始点公里标及限速值，因当前限速值大于下一限速值，列车要在限速区 L2 前进行制动。先在限速区 L2 的始端往 L1 始端方向预留出安全制动距离，然后从该点进行速度反算。

设置初速度点为限速区 L2 的限速值 $v_1 = v_{\text{limit. L2}}$，取间隔步长 $\Delta s = \dfrac{v_2^2 - v_1^2}{2a}$，将其转化为 $v_2 = \sqrt{2a \cdot \Delta s + v_1^2}$，$v_2 \geqslant v_{\text{limit. L1}}$（其中，$\Delta s$ 为预测区间，加速度 a 与列车所处位置的合力有关）。重复上式，累计反推得到，反推次数为 n，则处理的限速长度为 $L = S_{\text{safe}} + n \cdot \Delta s$（其中，$S_{\text{safe}}$ 为安全制动距离），则限速区 L1 剩下的长度为 $L_{\text{left. L1}} = L_{\text{L1}} - L$。限速区 L1 剩下的长度 $L_{\text{left. L1}}$ 的限速值为限速区 L1 的限速值。

（3）停车时。停车时防护曲线的计算方法是当前限速大于下一限速情况的特例，限速区 L2 的限速值和长度均为零，并且可以不考虑安全制动距离。列车跟随的目标速度可根据防护曲线生成，本书选取防护曲线速度值下 1 m/s 作为列车跟随的目标速度 $v_{\text{des. }k}$，用列车每步长的动能描述不等式约束如下：

$$0 \leqslant E_k \leqslant \frac{1}{2} m v_{\text{des. }k}^2 \tag{6-6}$$

6.2.2　牵引力/制动力约束

因列车存在最大牵引力 $F_{\max}(0 \leqslant F_k \leqslant F_{\text{max. }k})$ 和制动力 $B_{\max}$，预测区间中列车每步的牵引力和等效制动力必须在列车牵引力和等效制动力特性包络线内，不等式约束如下：

$$0 \leqslant B_k \leqslant B_{\text{max. }k} \tag{6-7}$$

在制动约束中，由于相邻两次空气制动间需要足够的充风时间，设前次制动结束时刻为 t_a，后次制动开始时刻为 t_b，t_c 为充风时间，则：

$$|t_a - t_b| \geqslant t_c \tag{6-8}$$

列车在区间运行时，制动后的缓解速度 v_i 需要满足最低缓解速度 v_h 约束，即：

$$v_i - v_h \geqslant 0 \tag{6-9}$$

6.2.3　纵向力约束

重载列车车钩力需要满足车钩强度的约束：

机车：　　　　　　　　　$-2250 \text{ kN} \leqslant F_c \leqslant +2250 \text{ kN}$　　　　　（6-10）

车辆：　　　　　　　　　$-2250 \text{ kN} \leqslant F_c \leqslant +2250 \text{ kN}$　　　　　（6-11）

式中，F_c 为车钩力；+ 为拉钩力；− 为压钩力。

6.2.4　能量守恒约束

列车运行的不等式约束是根据能量守恒定律，即动能的增量等于作用于列车上的合力所做的功来体现的。列车运行过程中受到机车牵引力、列车制动力和阻力的影响，表达式如下：

$$E_k = E_{k-1} + F_k \cdot \Delta s - B_k \cdot \Delta s - W_k \cdot \Delta s \tag{6-12}$$

式中，W_k 为列车运行时的阻力，是列车在运行过程中受到的坡道阻力、曲线阻力、空气阻力之和。

$$W_k = W_{i.k} + W_{r.k} + W_{a.k} \tag{6-13}$$

根据滚动优化的概念，当 $k = 1$ 时，E_0 的值与上个预测区间计算出的动能有关：

$$E_0 = \frac{1}{2}mv_0^2 \tag{6-14}$$

式中，v_0 为上一个预测区间计算的列车速度值。

6.3　重载列车目标曲线生成与优化算法

6.3.1　目标曲线生成回溯算法

6.3.1.1　定义

回溯算法就是一种有组织的系统最优化搜索技术，可以看作蛮力法穷举搜索的改进。回溯法常常可以避免搜索所有可能的解，所以它适用求解组织数量较大的问题。

针对上述多约束条件下设定重载列车的目标运行曲线问题的特征，采用回溯算法进行待优化曲线的生成。

6.3.1.2　优点

采用回溯算法进行目标曲线在线生成，其主要优点包含结构明确，易于理解，而且通过对问题的分析可以大大提高运行效率。回溯算法适用于解决非确定性问题，即问题的解在搜索空间中可能具有多个分支和多个选择。对于重载列车优化曲线问题，可能存在多个可能的解，回溯算法可以一一尝试并找到满足优化目标的曲线[211]。

6.3.1.3　内容

首先需要先了解一个基本概念——解空间树：问题的解空间一般使用解空间树的方式来组织，树的根节点位于第一层，表示搜索的初始状态，依次向下排列。解空间树的动态搜索：在搜索至树中任一节点时，先判断该节点对应的部分是否满足约束条件，或者是否超出目标函数的界，也就是判断该节点是否包含问题的最优解。如果肯定不包含，则跳过对该节点为根的子树的搜索，即所谓的剪枝；否则，进入该节点为根的子树，继续按照深度优先策略搜索。在搜索过程中，通常采用两种策略避免无效搜索[212]。这两种方式统称为剪枝函数：（1）用约束条件剪除得不到的可行解的子树；（2）用目标函数剪取得不到的最优解的子树。

在用回溯法求解问题时，常常遇到两种典型的解空间树：（1）子集树。当所有的问题是从 n 个元素的集合中找出满足某种性质的子集时，相应的解空间树成为子集树。（2）排列树。当所给出问题是确定 n 个元素满足某种性质的排列时，相应的解空间称为排列树。

6.3.1.4　步骤

回溯法的一般步骤：（1）设置初始化的方案（给变量赋初始值，读入已知数据等）；（2）变换方式去试探，若全部试完则转（7）；（3）判断此法是否成功（通过约束函数），不成功则转（2）；（4）试探成功则前进一步再试探，正确方案还是未找到则转（2）；（5）找到一种方案则记录并打印；（6）退回一步（回溯），若未退到头则转（2）；（7）已退到头则结束或打印无解。

6.3.2　目标曲线多目标粒子群优化算法

目标曲线多目标粒子群优化算法（multi-objective particle swarm optimization，MOPSO）是一种基于粒子群优化算法扩展的多目标优化算法，用于解决具有多个相互矛盾的优化目标的问题，粒子群算法与其他进化算法有着许多共同之处，与进化计算最大的共同之处都是基于"群体"的概念，随机初始化并根据适应值函数来确定每个个体的优劣。由于初始化是随机的，且迭代和进化过程中也存在随机的过程，根据适应值来进行随机的搜索。因此，两个算法都不能保证在全局范围内找到最优解[213]。

与其他进化计算方法不一样的是，在粒子群算法中，信息只来自粒子自身找到的最好位置和群体中最好粒子，整个搜索更新过程只与当前粒子的历史最优位置和种群最优位置有关。与遗传算法相比，粒子群算法能够更快速地向最优解收敛。同时粒子群算法没有直接利用选择函数，不存在"适者生存"的概念。因此，种群中具有低适应值的粒子在优化过程中仍能够生存，且有可能通过迭代搜索到解空间中的任何一个领域[214]。

6.4　重载列车目标运行曲线离线生成与在线调整

6.4.1　目标曲线离线生成

基于上述运行约束，根据重载列车主要运行场景，采用回溯算法进行重载列车目标运行原始种群生成，生成的其中一条曲线如图 6-1 所示。

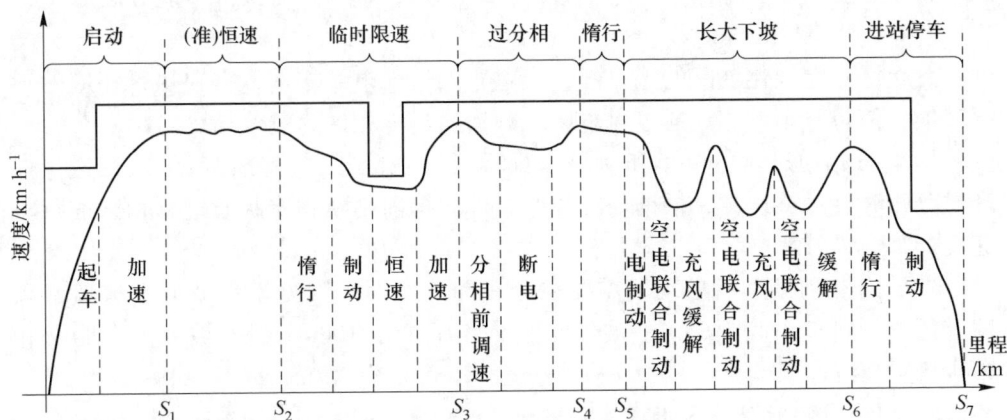

图 6-1 列车运行情况示意图

列车区间内的基本运行模式为：牵引—惰行—制动，以下分析图 6-1 中各个运行阶段曲线的生成特性参数。

6.4.1.1 启动

(1) 起车（$0 \to V_{end} > 0$）；

(2) 加速（$V_{end} > 0$ 和 $V_t = 5 \ km/h$）。

6.4.1.2 巡航

对充分考虑路况变化、保证平稳驾驶（即避免工况频繁转换、车钩力超限）前提下的恒速巡航工况，处理方案有两种：（1）采用牵引、惰行操纵与线路条件（上、下坡和平直道）结合的方式，生成列车准恒速（速度小范围平缓变动）运行目标曲线；（2）采用牵引、惰行、电制动操纵生成贴近限速（$V_{limit} - 5$）的恒速运行曲线。

以上方案中，方案（1）工况变换少、操纵平稳性好、能耗低，但运行时间较长；方案（2）工况变换较频繁，操纵平稳性较低，能耗较高，但运行时间较短。

6.4.1.3 惰行

惰行是指利用车辆自身的惯性进行惰行，是一种有效节约能源的运行模式。

列车使用惰行工况运行时，所受牵引力和制动力均为零，列车能量的消耗就是列车的自耗。在列车区间运行时间富足的情况下，应尽可能使用惰行工况，增加列车区间运行过程中的惰行时间，也有利于减少能量消耗。列车在下坡道运行时应尽可能使用惰行工况，下坡道主要分为增速坡道和非增速坡道。增速坡道上列车受到的坡道阻力比列车受到的阻力更大，可使列车加速，因此应调低列车进入坡道的速度。非增速坡道与增速坡道情况相反，应适当提高列车进入坡道的速度。在坡道上利用势能加速列车到最高允许速度，是行之有效的节能方法。

6.4.1.4　过分相

分相区是电气化铁路的无电区，当电车到达无电区之前，需要执行相应的工况转换，使得电车顺利地通过无电区，列车通过分相区为过分相。

（1）分相通过。主控车和从控车都不能停在分相区，分相前必须提速，保证过分相时有足够速度；根据前方线路条件，提前判断和控制通过分相区前行车速度。

（2）分相前停车后启动。需要在分相前停车时，如处于平坡或上坡道必须留有足够的启车加速距离，平坡停车距分相不少于 1000 m，上坡道停车距分相不少于 1500 m。

6.4.1.5　临时限速区调速

临时限速是指线路固定限速以外的具有时效性的限速，一般发生于自然灾害或者线路基础设施受损引起的维修和施工过程中。

（1）降速通过。根据列车当前运行状态（速度、位置和操纵工况）与限速信息（位置和限速值），并结合前方线路条件，实时反向牵引计算，提前判断：方案一："惰行 + 电制动"进行降速；方案二："惰行 + 电制动 + 空气制动"进行降速。

（2）区间减速停车。根据前方线路条件和列车当前运行状态，提前进行反向牵引计算确定空气制动的触发位置，确保列车在停车点前方停车（预留到停车点的安全距离）。

6.4.1.6　长大下坡调速运行（循环制动）

结合专家驾驶经验得到的长大下坡线路段信息，可知重载列车在长大下坡时应用较低的入坡速度；且减压量较小、电制动优先[215]。

6.4.1.7　进站停车制动

列车在每个运行过程中均有其特定的优化操纵措施，单独采用一种算法涵盖所有优化操纵较为困难，因此列车优化控制算法将尽可能满足以上运行过程优化操纵的需要，并针对长大下坡道特有的循环制动方式提出一种改进算法。

6.4.2　目标曲线在线调整

重载列车运行过程中，受到线路条件突变、前车运行状态变化等因素的影响，可能遭遇临时限速。针对这一情景，采用多目标在线调整策略保障目标运行曲线的有效性。

临时限速是指由于线路维修、突发事故或设备故障等原因，为确保列车运行安全致使列车运行线路固定速度以外的、具有时效性的安全速度。它由调度中心统一集中管理，通过 CTC/TDCS 系统向临时限速管辖车站及邻站下达调度命令。

临时限速涉及临时限速值、限速区里程范围等信息。在通过临时限速区段时，列车司机一般需进行惰行、制动、低于限速值的恒速运行及通过限速区段后的再次加速操作。研究及实践表明，相对于无限速或限速较少的线路，临时限速区段较多的线路上，单位机车牵引能耗水平较高[216-217]。在重载列车的运行过程中限速发生临时限速主要分为限速升高与限速降低两种情况。

6.4.2.1　限速升高

限速升高是指在某一段铁路线路上，原本的限速被临时提高，在满足平稳、安全的条件下进行加速，并保证不出现超速情况。

通常情况下，限速升高是由于临时工程或维修工作的完成，使得路段恢复到原来的设计标准，从而能够提高列车的运行速度。

6.4.2.2　限速降低

限速降低是指在某一段铁路线路上，原本的限速被临时降低。限速降低可能是由于铁路线路或设备的故障、修复工作、天气条件不佳（如暴雨、大雪）等原因导致。

当前方限速降低时，处理方案有两种：（1）采用最大牵引，使得列车在最短的时间内达到高限速，同时在到达低限速前的合适位置使用空气制动，使列车的运行速度能够较为快速的降至低限速；（2）在列车的牵引过程中，在列车达到最大允许速度前进行降速，在尽量少采用（或不采用）空气制动的情况下让列车的速度逐步降低到新的限速范围内。

通过分析，方案（1）（恒速驾驶方案）可保证运行时间较短、安全性能较高，但在运行过程中大大增加了列车的能耗且操纵的平稳性（车钩力约束）较差。方案（2）虽然（尽量惰行）减速距离较长，但大大降低了能耗、提高了列车运行的平稳性、满足工况转换规则。

6.4.2.3　实际运行情况

实际线路中可能存在某些长大下坡道，列车若使用方案（2）则无法在相应位置满足线路的限速要求，因此在本算法中利用优秀列车司机的操纵经验来设置判断距离。当列车通过低限速时，结合方案（1）和（2）进行重载列车目标曲线离线生成与在线调整，流程如下：

（1）获得当前区段的运行速度、目标速度（即进入下一区段的速度）及坡道限速信息，并判断前方坡道类型。

（2）前方坡道为上坡道，最大力牵引上坡，充分利用动能运行；前方坡道为下坡道，则首先判断是否有限速变化。无变化，继续跟踪当前目标曲线；若存在限速变化，则到限速降低点前一定距离时，系统应进入操纵过低限速状态。通过反向牵引计算判断使用方案（2）是否能通过该低限速，不能则采用方案（1）进行空气制动。

（3）预判空气制动触发位置，当列车到达预判点前，先施加/增大电制动逐渐降低列车的运行速度。

（4）到达预判点后，采用空气制动使列车运行速度降至新的限速以下。当列车速度达到低限速以下后，根据当前速度判断是否能在充风时间内采用惰行或者电制动保证列车不超速，能够保证不超速则缓解，否则继续采用空气制动来降低列车速度直至满足缓解条件。

7　重载列车运行速度平稳跟踪控制

重载列车车身长、载重大，且运行路况复杂、工况多变等因素，导致其运行过程中车身内部纵向冲动频发，容易引发车钩受损等行车事故。因此，重载列车智能驾驶对控制算法响应效率和控制平稳性提出了较高的要求。利用模糊 PID 控制方法控制精度高、响应速度快、鲁棒性好的特点，同时提出 PID 控制死区自适应调节策略，避免 PID 控制输出量调节过于频繁的问题。采用自适应死区调节模糊 PID 控制算法，进行重载列车一体化平稳速度跟踪控制[218]。

7.1　PID 控制算法

7.1.1　定义

基于 PID 的控制算法，把设定值与输出值进行比较得到控制偏差，将其比例、微分、积分通过线性组合得到控制量。其中，比例环节输出变化量与输入偏差一一对应成比例关系，系统一旦出现超调，可迅速克服干扰减小超调，使系统快速稳定下来；积分环节调节器输出信号变化量与输入偏差的积分成正比，积分环节力图消除余差，提高控制精度；微分环节反映的是偏差信号的变化率，可预测偏差变化趋势，有一定的超前控制作用，可抑制系统振荡，增强稳定性[219]。

7.1.2　PID 算法控制规律

数字 PID 控制是一种线性控制，可分为位置式 PID 算法、速度式 PID 算法和增量式 PID 算法。列车的牵引力、制动力输出是依据牵引、制动手柄档位来控制输出值，而增量式 PID 控制器输出是调节阀位置的增量值，故可选择增量式 PID 控制算法控制列车智能驾驶系统的速度调节。

PID 调节规律数学表达式为：

$$u_k = k_\mathrm{p} \left[e(t) + \frac{1}{T_i} \int_0^t e(t)\,\mathrm{d}t + T_\mathrm{d} \frac{\mathrm{d}e(t)}{\mathrm{d}t} \right] \tag{7-1}$$

式中，u_k 为第 k 次采样输出；$e(t)$ 为调节器的控制偏差量；k_p 为调节器的放大系数；T_i 为积分时间常数；T_d 为微分时间常数。

根据经典的 PID 算法可以求解控制输出值 u，由于该系统中的输出是量化数值，故需将 PID 数学表达式离散化，可得离散的 PID 表达式：

$$u_k = k_p \left[e_k + \frac{T}{T_i} \sum_{i=0}^{k} e_k + \frac{T_d}{T}(e_k - e_{k-1}) \right] \tag{7-2}$$

式中，T 为采样周期；e_k 为第 k 次采样偏差值；e_{k-1} 为第 $k-1$ 次采样偏差值。

由递推原理，可以得到第 $k-1$ 次采样输出 u_{k-1}，其表达式为：

$$u_{k-1} = k_p \left[e_{k-1} + \frac{T}{T_i} \sum_{i=0}^{k-1} e_{k-1} + \frac{T_d}{T}(e_{k-1} - e_{k-2}) \right] \tag{7-3}$$

将前后两次采样计算的位置值相减，可得到输出增量值 Δu_k，即

$$\Delta u_k = k_p \left[e_k - e_{k-1} + \frac{T}{T_i} e_k + \frac{T_d}{T}(e_k - 2e_{k-1} + e_{k-2}) \right] \tag{7-4}$$

由式（7-4）可知，采用恒定采样周期 T，确定好 K_p、K_i、K_d 三个参数，只需求得前后三次测量的偏差值，即可获得第 k 次输出增量值。根据式（7-4）将每一个时间步长的采样偏差量计算得到的输出增量值叠加，即可求得下一时间步长内的实际输出量，其数学模型如下：

$$d_x = \sum_{i=0}^{N} d_{x_i}, d_{x_i} = \begin{cases} \geqslant 0, 牵引 \\ < 0, 制动 \end{cases} \tag{7-5}$$

式中，d_x 为每个时间步长所对应的输出增量值，其输出范围在 ± 1 之内。

列车运行系统根据当前输出量选择列车运行工况，当输出增量值大于或等于零时选择牵引工况，输出增量值小于零时选择制动工况。

7.2　模糊自适应 PID 控制算法

传统的 PID 控制算法是根据线性化模型、稳态工作点，以及工程参数值设计的，并不能对列车运行特性一一考虑，难以实现复杂系统的精确描述。模糊自适应系统能够根据操作员手动控制的经验，总结一套完整的控制规则，再根据列车智能驾驶系统当前的运行状态，经过模糊化、模糊规则、模糊推理以及反模糊化等运算，求解控制量[220]。

7.2.1　模糊化处理

模糊化处理是根据隶属度函数，将精确值转换为模糊值的过程。该过程包括量化因子的自调整和求解隶属度值。

7.2.2　模糊推理

模糊推理是通过模糊规则将输入模糊集转换得到模糊结论的过程。

由于模糊控制和专家系统不同，模糊推理有几十种不一样的推理方法，常见的有：Mamdani 推理、Larsen 推理、Tsukamoto 推理、Takagi-Sugeno 推理等。其中，Mamdani 推理法简便易懂，是常见的模糊算法。将多条模糊规则合成后，对每个输出变量的模糊集合进行反模糊化处理即可得到精确的输出值。

7.2.3 模糊控制规则的确立

模糊 PID 控制的关键是找出 PID 三个参数 K_p、K_i、K_d 与误差 e 和误差变化率 e_c 之间的关系，根据模糊规则求解不同的 ΔK_p、ΔK_i、ΔK_d 值，以满足不同的误差 e 和误差变化率 e_c 对控制参数的不同要求。模糊控制规则是基于专家知识或者操作人员长期的经验，按人的直觉推理总结出的一套完整的控制规则。

7.2.4 去模糊化处理

在模糊控制器中，模糊控制器的输入和输出都为模糊值，而实际被控对象所能接受的必须是精确的控制信号。为了使模糊控制器从输出的模糊子集中判决出一个精确的控制量，必须将模糊结论转换为精确的输出值，该过程称为去模糊化。去模糊化的方法有很多，常见的有：最大隶属度法、中位数法、重心法。

7.3 带死区调节的模糊自适应 PID 控制算法

从控制要求来说，很多系统又允许被控量在一定范围内存在误差。允许被控量的误差大小，被称为 PID 的死区宽度；当误差的绝对值小于死区宽度时，死区非线性的输出量（即 PID 控制器的输入量）为零，这时 PID 控制器的输出分量中，比例部分和微分部分为零，积分部分保持不变，因此 PID 的输出保持不变，PID 控制器起不到调节作用；当误差的绝对值超过死区宽度时，开始正常的 PID 控制。

PID 控制器的输入，"减法器"的后面设置一个"死区"，有利于系统在调节过程中特别是接近稳态时，容易稳定，不波动；缺点是由于"死区"的存在，调节精度就受影响了。或者说，PID 调节器的灵敏度与这个"死区"宽度有关。PID 调节器中设置死区，牺牲的是调节精度，换来的是稳定性。

7.3.1 带死区调节 PID 原理

针对模糊 PID 控制过程中控制力变化太快，导致级位切换、加速度变化频繁，引发列车纵向冲动频繁、电机过热等问题。根据项目现场速度跟踪控制要求，该系统允许被控量在一定范围内存在误差。因此，考虑在模糊 PID 调节器中设置死区，并给出死区自适应调节策略。带死区的 PID 控制算法就是检测偏差值，若偏差值达到一定程度，就进行调节。若偏差值较小，就认为没有偏差，公式如下：

$$e_v = \begin{cases} 0, & |\Delta v| \leqslant \sigma \\ \Delta v, & |\Delta v| > \sigma \end{cases} \tag{7-6}$$

针对重载列车模糊 PID 的死区调节方式见式（7-7）：

$$e_v = \begin{cases} 0, & \begin{cases} \Delta v \leqslant 0, & |\Delta v| \leqslant \sigma_{up} \\ \Delta v > 0, & |\Delta v| > \sigma_{low} \end{cases} \\ \Delta v, & \begin{cases} \Delta v \leqslant 0, & |\Delta v| \leqslant \sigma_{up} \\ \Delta v > 0, & |\Delta v| > \sigma_{low} \end{cases} \end{cases} \tag{7-7}$$

$$\begin{cases} e_v = v_o - v_t \\ \Delta v = v_{t-1} - v_t \end{cases} \tag{7-8}$$

设 $v_{o,t} \approx v_{o,t-1}$，$e_v$ 为目标速度与追踪速度的偏差，$\{\sigma_{up}, \sigma_{low}\}$ 为死区值的上下限。

7.3.2　模糊 PID 控制死区自适应设定方法

死区值范围的选择需要根据具体对象认真考虑，因为该值太小就起不到作用，该值选取过大则可能造成大滞后。因此，可以使用特性曲线作为死区选择函数的输入。

根据图 7-1，定义机车运行特性曲线与到死区分区的关系如下：

$$\begin{cases} \Delta v(e_v) = k \cdot \Delta T \\ k = at \\ a = \dfrac{\overline{F}}{m}, \overline{F} = f_{t/b}(v) \end{cases} \tag{7-9}$$

$$\begin{cases} \Delta v = A \cdot f_{t/b}(v) \\ F_{real} = \varepsilon_i \cdot f_{t/b} \end{cases} \tag{7-10}$$

$$\Delta v = A \cdot \varepsilon_i \cdot f_{t/b}(v_{o,i}) \tag{7-11}$$

$$\begin{cases} \sigma_{up} = k_1 \Delta v \\ \sigma_{low} = k_2 \Delta v \end{cases} \tag{7-12}$$

$$\begin{cases} \sigma_{up} = g_{up}(f_{brake}(v_o)) \\ \sigma_{low} = g_{low}(f_{trackion}(v_o)) \end{cases} \tag{7-13}$$

式中，g_{up}、g_{low} 为函数线性关系；a 为机车运行加速度；ΔT 为系统周期，$\Delta T = 0.16$ s；$f_{t/b}$ 为机车特性曲线；f_{brake}、$f_{traction}$ 分别为制动特性曲线和牵引特性曲线。

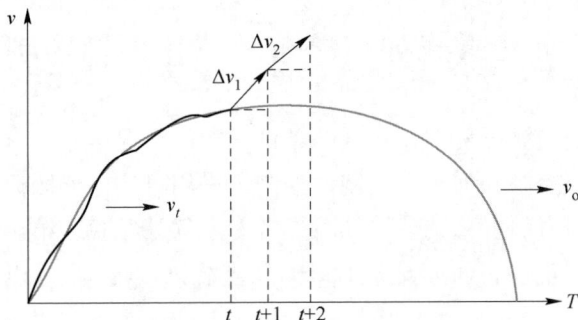

图 7-1 速度追踪误差分析

7.3.3 带死区调节的 PID 算法

基于以上分析，给出带死区调节 PID 算法流程，如图 7-2 所示。

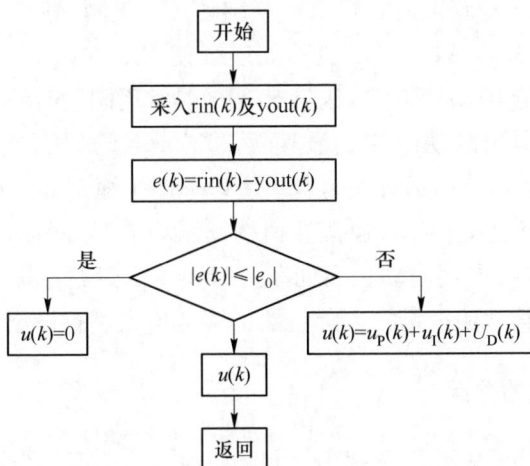

图 7-2 带死区调节的 PID 算法流程

引入死区的主要目的是消除稳定点附近的波动，由于测量值的测量精度和干扰的影响，实际系统中测量值不会真正稳定在某一个具体的值，而与设定值之间总会存在偏差。这一偏差并不是系统真实控制过程的反映，所以引入死区就能较好地消除这一点。

当然，死区的大小对系统的影响是不同的。其值太小可能达不到预期的效果，而太大则可能对系统的正常变化造成严重滞后，需要根据具体的系统对象来设定。

7.4　重载列车整车一体化平稳控制

重载列车驾驶操纵过程中，在线路条件固定的情况下，列车运行平稳的两大决定因素是机车力控制和列车空气制动控制。采用自适应死区调节模糊 PID 控制策略进行机车控制力的平稳调节，同时参考专家驾驶经验，给出重载列车空气制动平稳控制策略（以项目研究对象 HXD1 型重载机车为例），以尽可能减少列车纵向冲动[221]。

7.4.1　空气制动的触发条件

使用空气制动触发条件：限速为 75 ~ 80 km/h（指的是路线的限速值为 75 ~ 80 km/h），在 $V_限 - 5$（该数值也可另设）时开始空气制动，一般在列车运行高于 60 km/h 的时候才可以触发空气制动；前方 4 个区段处于长大下坡（坡度大于 8‰，坡长大于 500 m）路况时，投入空气制动；一次制动后充气时间大于 169 s，两次空气制动间隔 3 km 以上，一般不能连续使用 6 次以上；缓解空气制动后，电制动至少还需保持 10 s；列车减压量 50 kPa 时常用制动时制动波速为 163 m/s，减压量 100 kPa 时常用制动时制动波速为 202 m/s（减压量越大，制动波速越大）；空气制动会有 4 ~ 6 s 延时，而真正使列车产生恒定稳态的制动力需要接近 16 s 左右；空气制动速度根据线路限速值选择制动速度。当列车运行速度超过给定速度 5 km/h 时进行空气制动；当列车运行速度低于给定速度 10 km/h 时，进行空气制动缓解（给定速度可按实际线路的限速值来进行设定）。

7.4.2　大闸与小闸的分配

大闸与小闸的分配主要用于调车，制动位时，将引起本务机车和被重联机车的制动；单独制动手柄置于运转位时，将缓解本务机车和被重联机车的空气制动；将单独制动手柄打向缓解位（经弹簧自动复位）可以实现单独缓解机车制动缸压力。常用制动的单独缓解不能被恢复，这就意味着机车制动缸缓解压力将不能随单独制动手柄的返回而恢复。

单独制动手柄（小闸）仅会使机车产生单独制动而不会影响列车管压力；机车制动缸缓解压力将不能随单独制动手柄的返回而恢复。

小闸置于制动控制器的制动位时，将引起本务机车和被重联机车的制动；小闸置于运转位时，将缓解本务机车和被重联机车。单独制动靠小闸手柄在不同位置实现，小闸手柄在不同的位置决定制动缸的压力。单独制动手柄还具有快速缓解功能，该功能通过在制动区斜推小闸手柄实现。当机车一次排风减压量超过50 kPa时，可控列尾最大减压量为50 kPa；当机车一次排风减压量低于50 kPa时，可控列尾减压量为实际减压值。

C80型采用RFC型高强度牵引杆，可实现与16号、17号车钩互换，车钩采用E级钢材质车钩。C80型采用120-1型空气控制阀，C70型采用120型空气控制阀。C80型采用大容量缓冲器。

7.4.3 空气制动的缓解条件

表7-1为大秦线两个区段：化稍营—涿鹿区段；延庆—茶坞区段（长大下坡区段）制动与缓解操纵参考，长大下坡区段以"空电联合制动"为基本原则[222]。

表7-1 列车制动、缓解速度

公里标/km	线路限速/km·h⁻¹	参考限速/km·h⁻¹	制动初速度/km·h⁻¹	缓解速度/km·h⁻¹
139.5	81	76	70	34～40
148.8	80	75	70	50
158.8	80	75	70	60
176.1	80	75	70	50
279.2	80	71	60	40
289.9	80	75	70	36
298.9	80	75	60	36

根据表7-1中数据分析可知，公里标处对应制动初速度，进行空气制动，缓解前电制动力增大至400 kN（若是过分相，电制动力给200 kN），待列车运行速度降至缓解速度时进行空气制动缓解（注：制动缓解所对应的公里标不是表7-1中的公里标，而是根据列车运行速度是否达到缓解速度来判断是否进行缓解）。表中灰底的三个数据为文献给出的线路限速值，其余线路限速值按大秦线操纵示意图书上的限速值给定。参考限速根据金牌司机操纵说明给定（若操纵说明未给线路速度，按线路限速减5 km/h得到）。

（1）列车空气制动缓解的条件（大闸）：缓解前保持电制动力；根据线路限

速值选择制动缓解速度（但缓解时，列车速度不可小于 35 km/h）可按列车运行速度来判断，当列车运行速度低于给定速度 10 km/h 时，进行空气制动缓解（给定速度可按实际线路的限速值来进行设定）。

（2）小闸制动与缓解性能检查：小闸全制动时，机车制动缸的最高压力为 300 kPa ± 10 kPa；全制动时制动缸压力由零升至 280 kPa 的时间不大于 4 s；小闸运转位缓解制动缸压力由 300 kPa 降至 40 kPa 的时间为不大于 5 s，最后制动缸的压力应能缓解到零。

7.4.4　空电联合制动原则

对大秦线重载列车运行至大坡度区段，单独使用电阻制动，其电制动力又不足以克服全列车的下滑力，而单独使用空气制动受到了制动机性能及闸瓦热负荷的限制，所以一般是空电联合制动[223]。

电制动力根据列车管减压量大小来决定。其比例关系为：当列车管无减压量时（$\Delta p \leqslant 20$ kPa），电制动力为零；当列车管减压量 $\Delta p \geqslant 100$ kPa（司机操纵常用最大减压量）时，对应的电制动力应上升到最大值。

（1）电制动优先，并充分使用电制动。

（2）机车电制动应控制成与列车管减压量成正比的关系。当列车管减压量小于 20 kPa 时，不应该使用电制动；而当列车管减压量大于或等于 100 kPa（该值应可根据牵引列车的种类调整改变）时，电制动力应达到最大。

（3）紧急制动时，机车电制动力应自动上升至最大。

（4）在机车电制动力上升后，应在机车制动缸压力中相应减除电制动作用对应压力值，但机车制动缸压力应最小维持在 20 ~ 40 kPa，以减少制动方式转换而引起的制动冲动。

（5）空气制动与电制动混合过程中，电制动力失去或降低后（含电制动特性限制），机车制动缸压力应自动上升补充或恢复到与列车管减压量对应的压力值。

（6）电制动可以单独使用，并不得影响机车制动机的动作。两种操纵对电制动的控制，应采取大原则，即执行要求大的电制动指令。

（7）空电联合制动功能，必须不影响机车与列车制动机的正常工作。在停车或运行过程中应能方便地切除，并不得影响机车或列车的运行。

综上分析，拟采用模糊 PID 控制算法进行速度跟随控制，根据列车运行状态在线自学习调整机车控制力输出级位。基于采集的专家驾驶经验和空气制动特性分析，建立空气制动控制规则模型，并依据该模型进行空气制动的触发和缓解控制。

　　基于整车一体化平稳控制方法进行目标速度曲线跟踪，重载列车智能驾驶对列车速度进行优化调整的效果如图 7-3 所示。

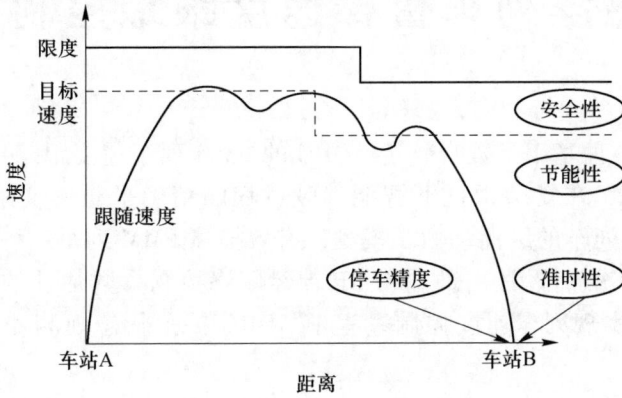

图 7-3　万吨重载列车智能驾驶速度跟随控制示意图

8 磁浮列车鲁棒速度跟踪控制技术

本章提出一种基于参数自整定 ADRC 的 PMM 列车速度跟踪鲁棒控制方法，以解决 PMM 列车在复杂干扰下智能驾驶过程的精确平稳速度跟踪控制问题。首先建立 PMM 列车的纵向动力学模型，有效描述 PMM 列车运行控制过程的非线性迟滞特性。然后设计一种基于 BP 神经网络控制参数估计的自抗扰控制器（BP-ADRC），实现列车速度控制过程中 ADRC 扩张状态观测器的参数自适应调整。

8.1 磁浮列车动力学特征建模

磁浮列车的运行状态受到许多复杂条件的约束，在此建立磁浮列车的动力学特征模型，有效描述线路、磁场阻力、直线电机阻力等对列车运行状态的影响。将磁浮列车视为单个质点，其动力学特征模型描述如下：

$$\begin{cases} \dfrac{\mathrm{d}x}{\mathrm{d}t} = v \\ \dfrac{\mathrm{d}v}{\mathrm{d}t} = \dfrac{F}{M} \end{cases} \tag{8-1}$$

式中，x 为磁浮列车行驶距离；t 为列车运行时间；v 为列车的运行速度；F 为列车运行时所受合外力；M 为列车质量。

其中 F 与列车所处工况直接相关，可进一步描述为：

$$F = \begin{cases} F_t - F_r & \text{牵引工况} \\ -F_r & \text{惰行工况} \\ -F_b - F_r & \text{制动工况} \end{cases} \tag{8-2}$$

式中，F_t 为列车牵引力；F_r 为列车所受总阻力；F_b 为列车制动力。

相比传统的轨道交通列车，磁浮列车所受阻力更加复杂，运行过程所受总阻力 F_r 主要包括基本阻力和附加阻力。基本阻力包括空气阻力 f_a，永磁同步直线电机阻力 f_m 和涡流阻力 f_r；附加阻力包括坡道附加阻力 f_i 和曲线上的附加阻力 f_c，如式（8-3）所示：

$$F_r = f_a + f_m + f_r + f_i + f_c \tag{8-3}$$

8.1.1 基本阻力

8.1.1.1 空气阻力

空气阻力的大小与磁浮列车的运行速度和车辆编组有关，其表达式如下：

（1）无风运行时，磁浮列车所受空气阻力可表示为：

$$f_a = mPS_w = \frac{1}{2}\rho m S_w v^2 \tag{8-4}$$

式中，m 为空气阻力系数；P 为空气动压；S_w 为列车横截面积；ρ 为空气密度。

（2）磁浮列车行驶方向与风向成一定角度时，合风速度可描述为：

$$v_h = \frac{1}{\cos\beta}(v + v_w\cos\alpha) \tag{8-5}$$

式中，v_h 为车速与风速的合速度；v_w 为风速；α 为风向角，且 $0° \leqslant \alpha \leqslant 180°$；$\beta$ 为侧偏角。

8.1.1.2 直线电机阻力

磁浮列车运行时的纵向牵引、电制动力由永磁同步直线电机提供，直线电机初级线圈在悬浮磁铁的次级磁场中产生感应电流，从而产生与列车运行方向相反的阻力。直线电机阻力计算模型如式（8-6）所示：

$$f_m = \begin{cases} 3.3N & (0 < v < 41.7 \text{ m/s}) \\ N\left(\dfrac{146}{v} - 0.2\right) & (v \geqslant 41.7 \text{ m/s}) \end{cases} \tag{8-6}$$

式中，N 为列车编组辆数。

8.1.1.3 涡流电阻

磁浮列车在运行过程中，车载线圈在列车运行时相对于轨道磁体做切割磁感线动运动，所以产生了涡流从而在水平方向上产生了阻碍磁浮列车运行的力，即涡流阻力，其表达式为：

$$f_r = \begin{cases} (0.3N + 0.46)wv & (v \leqslant 5 \text{ m/s}) \\ w\left[(1.196N + 1.724) + (0.05N + 0.1266)v - 0.0016(N-1)v^2\right] & (v > 5 \text{ m/s}) \end{cases}$$
$$\tag{8-7}$$

式中，w 为单节车厢的质量。

8.1.2 附加阻力

8.1.2.1 坡道附加阻力

列车在坡道上运行时，由于重力的作用会产生沿着坡道向下的分力，当列车为上坡时，该力相当于阻力，当列车下坡时，该力起牵引力的作用，其表达式为：

$$f_i = Mgi \tag{8-8}$$

式中，g 为重力加速度（取 9.8 m/s^2）；i 为线路坡度。

8.1.2.2　曲线附加阻力

曲线附加阻力的表达式为：

$$f_c = \frac{600}{R} Mg \qquad (8-9)$$

式中，R 为曲线半径。

8.1.3　牵引制动特性

磁浮列车所采用的牵引、制动系统与中低速磁浮列车一致，其牵引制动特性可描述如式（8-10）～式（8-12）所示，牵引制动特性曲线如图 8-1 所示。从图

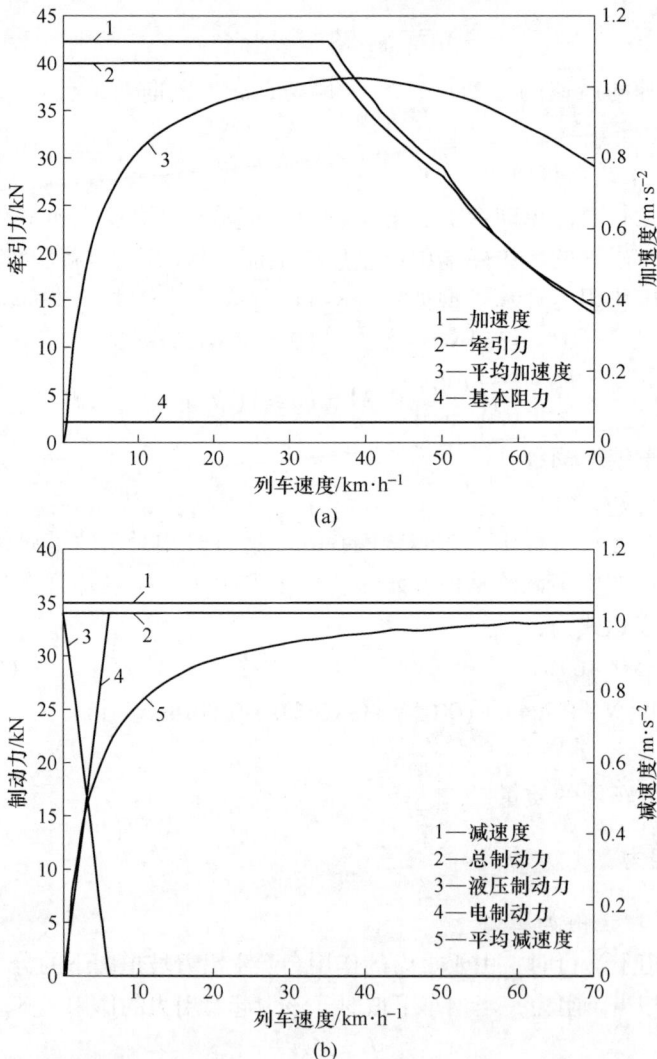

图 8-1　磁浮列车的牵引(a)和制动(b)特性曲线

中可以看出，磁浮列车牵引力随速度的增大，先保持不变然后逐渐减小。磁浮列车制动包括电制动和液压制动，其中磁浮列车电制动力随速度的增大而增大，当速度至 6 km/h 时达到最大。液压制动力刚好相反，至 6 km/h 后达到最小并保持不变。

牵引力：

$$F_t = \begin{cases} 40 & (0 \leqslant v \leqslant 9.72 \text{ m/s}) \\ 1.442 \times 10^3 v^{-1.008} & (9.72 \text{ m/s} \leqslant v \leqslant 13.89 \text{ m/s}) \\ 7.2874 \times 10^4 v^{-2.009} & (13.89 \text{ m/s} \leqslant v \leqslant 19.45 \text{ m/s}) \end{cases} \tag{8-10}$$

电制动力：

$$F_{b1} = \begin{cases} 5.68917v - 0.21935 & (0 < v < 1.667 \text{ m/s}) \\ 33.9 & (1.6667 \text{ m/s} \leqslant v \leqslant 19.445 \text{ m/s}) \end{cases} \tag{8-11}$$

液压制动力：

$$F_{b2} = \begin{cases} -5.69219v + 34.59546 & (0 < v < 1.667 \text{ m/s}) \\ 0 & (1.667 \text{ m/s} \leqslant v < 19.445 \text{ m/s}) \end{cases} \tag{8-12}$$

8.2 参数自整定 ADRC 控制器设计

在磁浮列车自动驾驶过程中，列车控制系统根据目标速度曲线、线路特征等数据设定牵引或制动指令，通过牵引控制单元和制动控制单元输出牵引力或制动力，实现列车运行状态的调整，在整个过程中存在一定的延时。此外，普通 ADRC 控制器参数较多、调节困难，由于 BP 神经网络具有高度自学习和自适应的能力，因此可以很好地解决 ADRC 中参数调节问题。

综上，本章提出一种基于参数自整定 ADRC 的磁浮列车速度鲁棒控制方法。有效描述列车控制过程的非线性迟滞特性，设计基于 BP 神经网络的 ADRC 控制器参数自整定策略，进行磁浮列车在复杂环境中的速度精确、鲁棒控制。其中结合 BP 神经网络的跟踪控制算法如图 8-2 所示，在此基础上，采用磁浮列车速度控制原理如图 8-3 所示。

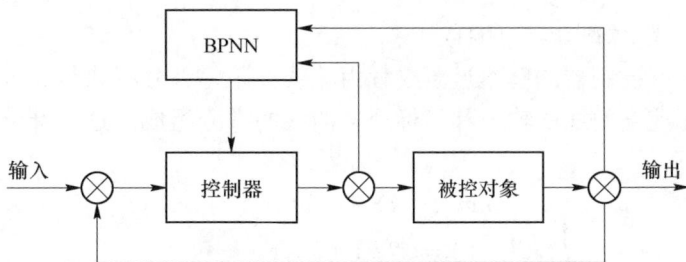

图 8-2　基于 BP 神经网络控制算法

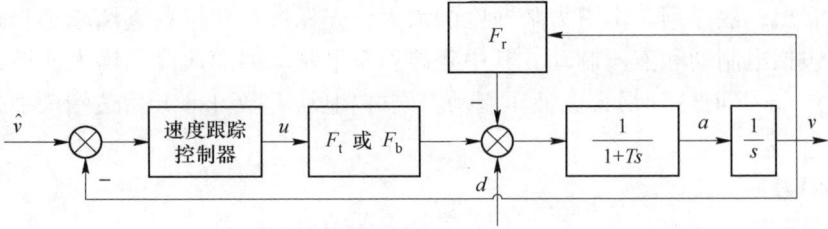

图 8-3 磁浮列车速度控制原理框图

u—控制指令输入；a—磁浮列车实际的加速度；$\hat{v}$—目标速度；d—扰动

8.2.1 自抗扰控制器

传统的自抗扰控制器由韩京清教授首次提出。自抗扰控制器有三个主要部分，包括跟踪微分器（tracking differentiator，TD）、扩张状态观测器（extended state observer，ESO）和非线性状态误差反馈（nonlinear state error feedback，NLSEF）。自抗扰控制器的结构如图 8-4 所示。

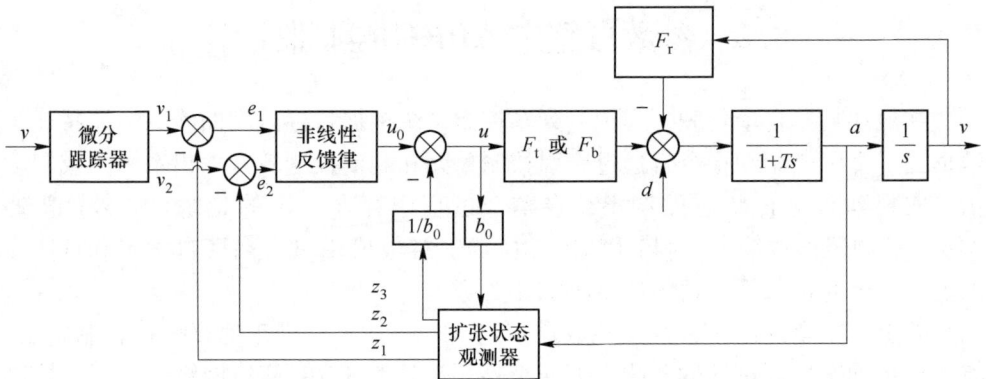

图 8-4 基于 ADRC 控制器的速度跟踪控制框图

e_1—系统速度误差；b_0—控制器的可调参数；z_1—速度的观测估计；

z_2—加速度的观测估计；z_3—对系统总扰动的观测估计

8.2.1.1 跟踪微分器（TD）

传统自抗扰控制器的基本过渡过程由非线性跟踪微分器执行，该非线性跟踪微分器由目标速度曲线的输出和目标速度曲线的微分组成。这两部分的过渡过程可以描述如下：

$$\begin{cases} fh = fhan(v_1(k) - v(k), v_2(k), r, h_0) \\ v_1(k+1) = v_1(k) + h \times v_2(k) \\ v_2(k+1) = v_2(k) + h \times fh \end{cases} \tag{8-13}$$

式中，函数 $fhan(x_1, x_2, r, h_0)$ 为最速控制综合函数，其表达式可用式 (8-14) 表示；$v(k)$ 为 TD 的输入；$v_1(k)$、$v_2(k)$ 为 TD 的输出，在 ADRC 中只需输出 $v_2(k)$ 即可；h 为积分步长；h_0 为略大于 h 的参数，作用是防止 $v_1(k)$ 产生超调现象。

$$
\begin{cases}
d = rh_0 \\
d_0 = h_0 d \\
y = x_1 + hx_2 \\
\alpha_0 = \sqrt{d^2 + 8r|y|} \\
\alpha = \begin{cases}
x_2 + \dfrac{\alpha_0 - d}{2}\mathrm{sgn}(y), & |y| > d_0 \\
x_2 + \dfrac{y}{h_0}, & |y| \leqslant d_0
\end{cases} \\
fhan(x_1, x_2, r, h_0) = \begin{cases}
-r\mathrm{sgn}, & |\alpha| > d \\
-r\dfrac{\alpha}{d}, & |\alpha| \leqslant d
\end{cases}
\end{cases}
\tag{8-14}
$$

式中，r 为跟踪速度因子，r 越大，则 $v_1(k)$ 跟踪 $v(k)$ 的速率越快，精度越高。

8.2.1.2 扩张状态观测器 (ESO)

ESO 的作用是实时消除影响系统输出的扰动，即能由输出观测到的扰动，将其扩张成为新的状态变量，再利用反馈原理消除此扰动。由此看来，ESO 并不依赖于准确的数学模型，也不需要分析扰动的具体作用，只需将扰动实时观测，再结合反馈律进行消除，控制器的控制效果很大程度上取决于 ESO 的实时观测效果。ESO 的结构可用式 (8-15) 表示。

$$
\begin{cases}
e = z_1 - y \\
\dot{z}_1 = z_2 - \beta_{01} e \\
\dot{z}_2 = z_3 - \beta_{02} \varphi_1(e) + bu \\
\dot{z}_3 = -\beta_{03} \varphi_2(e)
\end{cases}
\tag{8-15}
$$

式中，e 为系统的输出误差；z_1 为速度的观测估计；z_2 为加速度的观测估计；z_3 为对系统总扰动的观测估计；y 为系统的输出；b 为控制对象参数；β_{01}、β_{02}、β_{03} 为 ESO 的可调参数；$\varphi_i(e)$ 为一个非线性函数，可以定义为：

$$
\varphi_i(e) = \begin{cases}
\dfrac{e}{\delta^{1-\alpha_i}} & |e| \leqslant \delta \\
|e|^{\alpha_i}\mathrm{sgn}(e) & |e| > \delta
\end{cases}
\tag{8-16}
$$

8.2.1.3 误差反馈控制率 (NLSEF)

自抗扰的实际控制量 c 及虚拟控制量 u_0 可设计成式 (8-17)：

$$\begin{cases} c = \dfrac{u_0 - z_2}{b_0} \\ u_0 = k_p (u - y) \end{cases} \tag{8-17}$$

式中，c 为控制器的实际控制量；b_0 为控制器的可调参数；k_p 为比例增益。

8.2.2　BP-ADRC 鲁棒速度跟踪控制器

基于 BP 神经网络整定 ESO 参数 β_{01}、β_{02} 和 β_{03} 的自抗扰结构如图 8-5 所示。

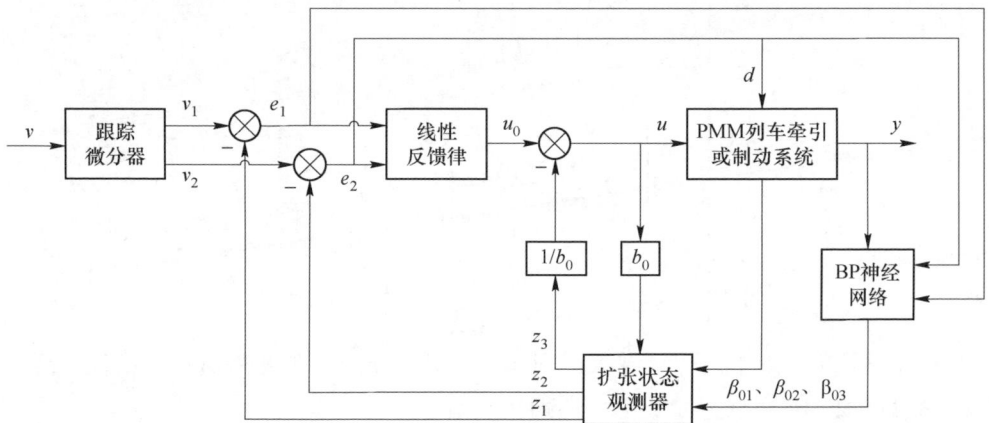

图 8-5　基于 BP 神经网络的 ADRC 速度跟踪控制框图

如图 8-5 所示，控制器包括普通自抗扰和用于参数自整定的 BP 神经网络两部分。本章设计了一个采用在线学习方式的 3 层 BP 神经网络用于参数在线调节，以系统的速度误差 e_1、加速度误差 e_2 和系统输出 y 作为输入层。隐含层选择 4 个节点，ESO 中的参数 β_{01}、β_{02} 和 β_{03} 为输出节点，并且在训练的过程中随时更新。神经网络结构如图 8-6 所示。

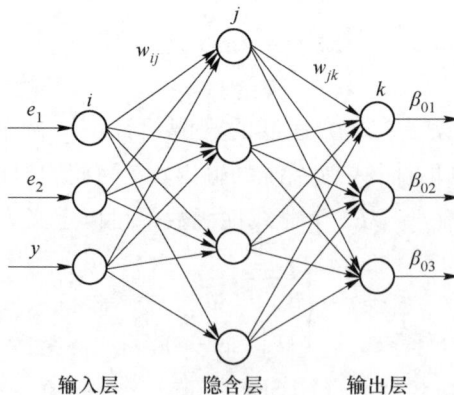

图 8-6　BP 神经网络结构图

网络输入层的输入为：

$$I_{\text{in}}(n) = I(i) \qquad (i = 1,2,3) \tag{8-18}$$

隐含层的输入输出可以表示为：

$$\begin{cases} J_{\text{in}}(n) = \sum_{i}^{3} w_{ij} I_{\text{in}}(n) \\ J_{\text{out}}(n) = f(J_{\text{in}}(n)) \end{cases} \qquad (j = 1,2,3,4) \tag{8-19}$$

网络输出层的输入、输出为：

$$\begin{cases} K_{\text{in}}(n) = \sum_{j=1}^{4} w_{jk} J_{\text{out}}(n) \\ K_{\text{out}}(n) = g(K_{\text{in}}(n)) \end{cases} \qquad (k = 1,2,3) \tag{8-20}$$

式中，w_{ij}、w_{jk} 为 BP 神经网络的权重系数；β_{01}、β_{02}、β_{03} 分别为输出层的值。

隐含层和输出层的神经元激活函数取如下函数：

$$f(x) = \frac{1}{e^{-x} + 1} \tag{8-21}$$

网络性能指标定义为：

$$E(k) = \frac{1}{2}\left[r_{\text{in}}(k) - y_{\text{out}}(k)\right]^2 = \frac{1}{2}e^2(k) \tag{8-22}$$

权值系数更新通过梯度下降法实现：

$$\Delta w_{jk}(n) = -\eta \frac{\partial E(n)}{\partial w_{jk}(n)} + \alpha \Delta w_{jk}(n-1) \tag{8-23}$$

式中，η 为学习速率；α 为惯性系数。

其中 $\dfrac{\partial E(n)}{\partial w_{jk}(n)}$ 可做如下变换：

$$\begin{cases} \dfrac{\partial E(n)}{\partial w_{jk}(n)} = \dfrac{\partial E(n)}{\partial e(n)} \cdot \dfrac{\partial e(n)}{\partial K_{\text{out}}(n)} \cdot \dfrac{\partial K_{\text{out}}(n)}{\partial K_{\text{in}}(n)} \cdot \dfrac{\partial K_{\text{in}}(n)}{\partial w_{jk}(n)} \\ \dfrac{\partial K_{\text{in}}(n)}{\partial w_{jk}(n)} = J_{\text{out}}(n) \end{cases} \tag{8-24}$$

假设 $\text{sgn}\left(\dfrac{\partial e(n)}{\partial K_{\text{out}}(n)}\right) \approx \dfrac{\partial e(n)}{\partial K_{\text{out}}(n)}$，可得输出层及隐含层的权值系数计算方法如下[224-226]：

$$\begin{cases} \sigma_k(n) = e(n) \cdot \text{sgn}\left(\dfrac{\partial e(n)}{\partial K_{\text{out}}(n)}\right) \cdot g'(K_{\text{in}}(n)) \\ \sigma_j(n) = f'(\partial K_{\text{in}}(n)) \cdot \sum_{k=1}^{3} \sigma_k(n) w_{jk}(n) \\ \Delta w_{jk}(n) = \eta \sigma_k(n) J_{\text{out}}(n) + \alpha \Delta w_{jk}(n-1) \\ \Delta w_{ij}(n) = \eta \sigma_j(n) I_{\text{in}}(n) + \alpha \Delta w_{ij}(n-1) \end{cases} \tag{8-25}$$

8.3　实 验 验 证

为验证参数自整定 ADRC 控制器在提升磁浮列车速度跟踪控制精度和鲁棒性方面的有效性，在 Simulink 中开展本章 BP-ADRC 控制器与传统的 ADRC、BP-PID 控制方法的速度跟踪控制仿真实验。仿真实验分为两组，分别为采用人工模拟数据的"模拟仿真实验"和采用的"真实数据实验"，以充分演示本章方法在不同干扰条件下的优良鲁棒性。

8.3.1　实验设置

BP-ADRC 算法中选用参数见表8-1，其中 BP 神经网络优化 ADRC 中 ESO 参数的损失函数变化如图8-7 所示。

表 8-1　BP-ADRC 控制器参数

BP 网络参数	学习率：$\eta = 0.3$
	惯性系数：$\alpha = 0.08$
ADRC 参数	TD：$r = 10$，$h = 0.1$，$h_0 = 1$
	ESO：$\alpha_1 = 0.5$，$\alpha_2 = 0.25$
	NLSEF：$k_p = 6$，$b_0 = 1.5$

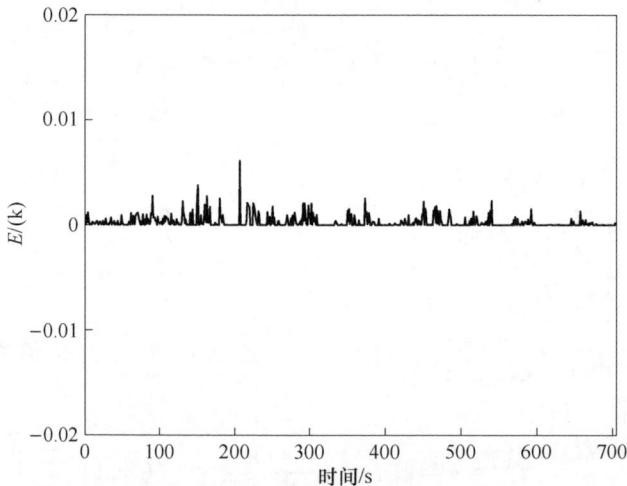

图 8-7　BP 神经网络损失函数变化图

基于 BP-ADRC 的磁浮列车速度跟踪控制原理如图 8-8 所示，该控制系统主要包括 BP-ADRC 控制器及磁浮列车纵向动力学模型，其中纵向动力学模型又包括牵引/制动特性模型、速度响应特性模型和阻力模型。

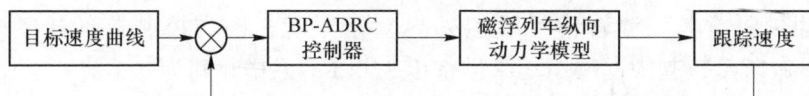

图 8-8 基于 BP-ADRC 的磁浮列车速度跟踪控制框图

8.3.2 模拟仿真实验

基于图 8-8 的速度跟踪控制框图,开展模拟数值仿真实验验证本章所提出控制方法在外部干扰下的速度跟踪鲁棒性。

首先,添加振幅为 1、周期为 10 的脉冲信号模拟外部扰动,对比本章与传统的 PID、ADRC、BP-PID 控制器的响应情况,结果如图 8-9(a) 所示。此外,添

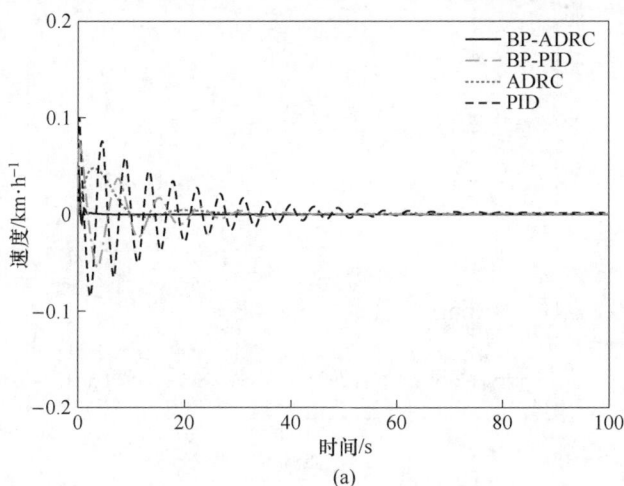

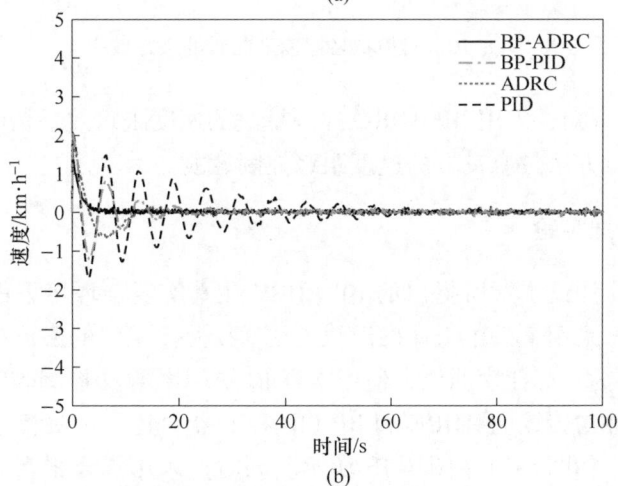

图 8-9 四种控制器的扰动响应

(a) 阶跃干扰响应;(b)"阶跃 + 白噪声"复杂干扰响应

加"脉冲+白噪声"混合信号模拟外界复杂干扰，四类控制器的扰动响应如图 8-9(b) 所示，其中白噪声功率谱密度为 0.1，采样时间为 0.1 s。

由图 8-9 的仿真结果对比可知，在系统受到干扰后 BP-ADRC 控制器输出的最大值比其他两种更小，并且在更短的响应时间内系统响应趋于稳定，可见 BP-ADRC 具有更好的抗复杂干扰性能。

按照列车自动驾驶的理想控制策略人工设定目标速度曲线，采用图 8-8 所示的控制结构开展速度跟踪控制模拟仿真实验，以验证本章建模和控制方法对磁浮列车速度跟踪控制的准确性和鲁棒性。本章 BP-ADRC 与传统 ADRC、BP-PID 控制方法的速度跟踪实验结果如图 8-10 所示。

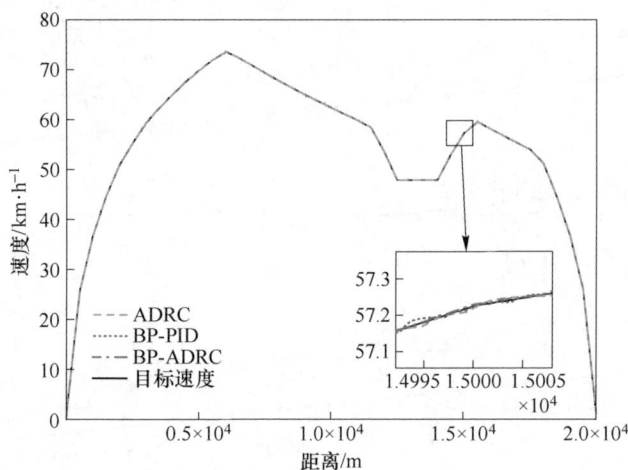

图 8-10　对模拟目标速度曲线的跟踪效果

由图 8-10 可知，采用 BP-ADRC 控制算法的速度跟踪效果精度更高、平稳性更好，可见本章方法具有良好的速度跟踪控制性能。

8.3.3　真实数据实验

为了进一步测试本章所提出的 BP-ADRC 在真实复杂环境下的速度跟踪控制精度和鲁棒性，采用某条中低速磁浮轨道交通线路上采集的磁浮列车实际运行速度-里程曲线作为目标速度曲线，使用本章 BP-ADRC 算法控制磁浮列车跟踪该目标速度曲线，并与传统的 ADRC 和 BP-PID 控制器对比。三种控制器对真实运行曲线的跟踪效果如图 8-11 ~ 图 8-13 所示。同时，采用均方根误差 RMSE 和标准差 SD 对三种控制算法的速度跟踪控制精度和鲁棒性进行评价，实验性能对比结果如表 8-2 所示。

图 8-11 的跟踪效果对比可知，本章提出的 BP-ADRC 控制器在复杂运行环境下的速度跟踪控制效果明显优于 ADRC 和 BP-PID 控制器。

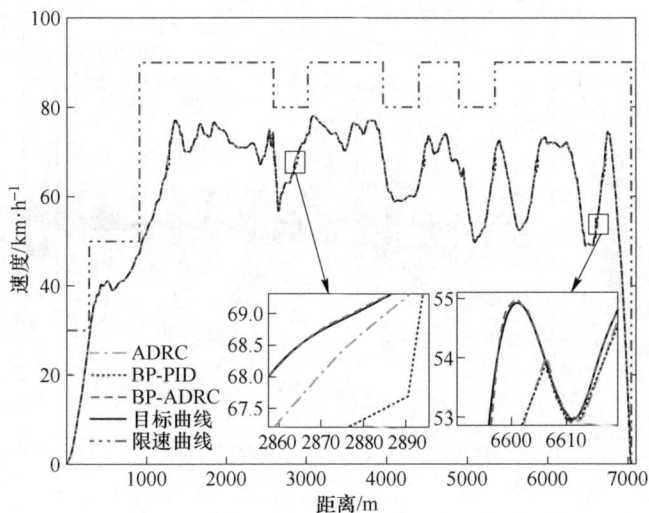

图 8-11 对真实目标速度曲线的跟踪效果

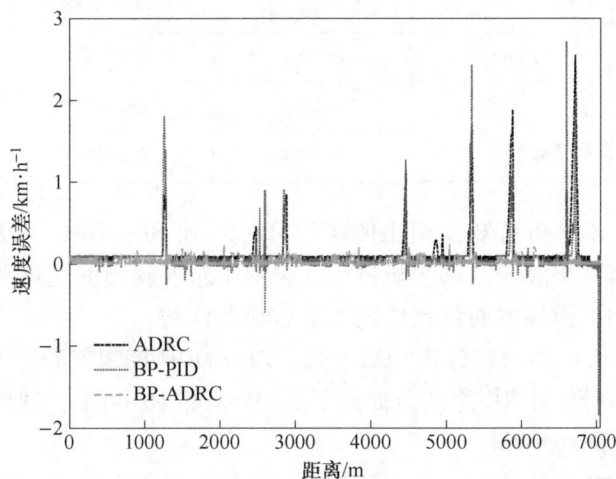

图 8-12 采用三种控制器的速度跟踪误差

由图 8-12 所示的速度跟踪误差分析可知，在复杂路况和运行环境下，基于 BP-ADRC 控制器的系统输出误差比较小，而 ADRC 和 BP-PID 控制器的输出误差在某些路段误差比较大，对加速度变化大的路段，反应不灵敏。

从图 8-13 所示的加速度误差可知，BP-ADRC 速度跟踪控制器的加速度误差基本上都在 [−0.5，0.5] 之间，可见磁浮列车的速度跟踪平稳性较好。

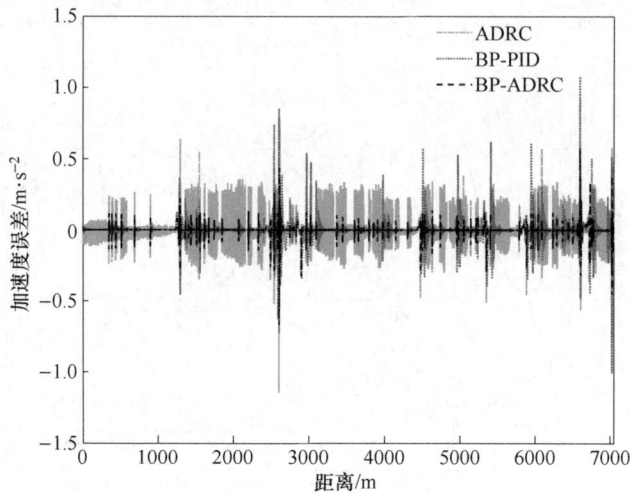

图 8-13   三种控制器加速度误差图

表 8-2   三种控制器性能比较

性能比较	速度跟踪 RMSE	速度跟踪 SD	加速度 RMSE	加速度 SD
BP-ADRC	0.0641	0.0489	0.0512	0.0520
BP-PID	0.2737	0.2467	0.0865	0.0877
ADRC	0.2307	0.2158	0.0878	0.0865

由表 8-2 结果分析可知，相比传统的 ADRC 和 BP-ADRC，BP-ADRC 的速度跟踪误差和加速度跟踪误差都明显更小，说明本章所提出的速度跟踪控制方法在速度跟踪精度和平稳性方面都比传统方法有显著优势。

通过表 8-2 所示的误差分析结果可知，BP-ADRC 控制器的速度跟踪精度分别比传统的 BP-PID 和 ADRC 控制器提高了 20.96% 和 16.66%，速度跟踪平稳性分别提高 19.78% 和 16.69%。

综合以上实验分析可知，本章所提出的 BP-ADRC 控制器在保证磁悬浮列车的安全舒适运行的同时，有效提升了速度跟踪精度和鲁棒性。其中，BP-ADRC 控制器的速度跟踪精度比传统的 BP-PID 和 ADRC 控制器分别提高了 20.96% 和 16.66%，速度跟踪平稳性分别提高了 19.78% 和 16.69%。本章所提出的基于参数自整定 ADRC 的磁浮列车速度跟踪鲁棒控制方法，可以有效解决磁浮列车在复杂干扰下智能驾驶过程的精确平稳速度跟踪控制问题。后续研究将从精确描述磁浮列车运行控制非线性迟滞特征，以及提出 ADRC 控制器在线自适应实时控制参数调整策略等方面，进一步提升本章所提出方法的有效性和可行性。本章方法不仅适用于磁浮列车的速度控制，对于新能源汽车、新能源船舶、飞行器等其他对象的运动控制也具有一定参考意义。

9 磁浮列车强化学习制动优化控制技术

精准、平稳停车是磁浮列车自动驾驶制动控制的重要目标。中低速磁浮列车停站制动过程受到电-液混合制动状态强耦合等影响，基于制动特征理论模型的传统制动控制方法难以保障磁浮列车的停车精度和舒适性。本章提出一种基于混合制动特征自学习的磁浮列车强化学习制动控制方法。首先，采用长短期记忆网络建立磁浮列车混合制动特征模型，结合磁浮列车运行环境和状态数据进行动态制动特征自学习。然后，根据动态特征学习结果更新强化学习的奖励函数与学习策略，提出基于深度强化学习的列车制动优化控制方法。最后，采用中低速磁浮列车现场运行数据开展仿真实验。实验结果表明，本章所提出制动控制方法较传统方法的舒适性和停车精度分别提高了41.18%和22%，证明了本章建模与制动优化控制方法的有效性。

9.1 混合制动特征自学习方法

中低速磁浮列车混合制动特征因电-液混合制动状态耦合、液压制动非线性而动态变化，目前广泛采用理论、静态制动特征模型，难以在仿真实验中准确反映强化学习的环境对制动控制器（agent）的奖励情况。在此，采用 LSTM 学习混合制动的动态特征，以准确描述强化学习的奖励函数关系。

9.1.1 中低速磁浮列车混合制动原理

磁浮列车电-液混合制动原理如图 9-1 所示。

ATO 发出一系列制动指令来操控磁浮列车减速停车。磁浮列车制动过程遵循电制动优先，液压制动补偿的原则。列车制动控制单元通过接收制动指令计算全列车所需制动力，按照电制动优先原则，向牵引控制单元发送电制动申请值，并根据反馈的电制动实际值计算所需补充的液压制动力。然后制动控制单元通过控制液压夹钳施加液压制动力，实现磁浮列车减速与停车控制。

9.1.2 混合制动力特征

中低速磁浮列车制动过程除了受到制动力控制外，还受到运行阻力的影响。中低速磁悬浮列车的运行阻力比轮轨列车更为复杂，运行阻力包括空气阻力、涡

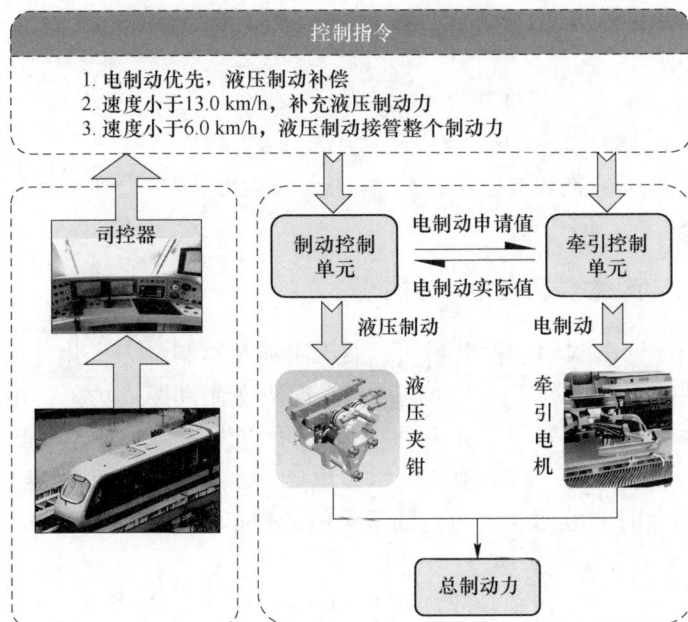

图 9-1　中低速磁浮列车电-液混合制动控制原理图

流阻力及附加阻力等。

空气阻力与列车运行速度及车辆编组相关，中低速磁浮列车空气阻力可表示为：

$$F_{a} = (1.652 + 0.572N)v^{2} \tag{9-1}$$

式中，F_a 为空气阻力；N 为列车编组数；v 为列车速度。

集电器阻力和电磁涡流阻力表达式为：

$$\begin{cases} F_{c} = 96N \\ F_{m} = 3.354Mv & (0 < v < 5.6 \text{ m/s}) \\ F_{m} = (18.220 + 0.074v)M & (v > 5.6 \text{ m/s}) \end{cases} \tag{9-2}$$

式中，F_c 为集电器阻力；F_m 为电磁涡流阻力；M 为列车质量。

附加阻力主要包括坡道阻力和曲线阻力，表示如下：

$$\begin{cases} F_{i} = Mg\sin(\arctan i) \\ F_{r} = \dfrac{600}{R}Mg \end{cases} \tag{9-3}$$

式中，F_i 为坡道附加阻力；F_r 为曲线附加阻力；i 为坡度值；R 为曲线半径；g 为重力加速度。

由于中低速磁浮列车电-液混合制动力实际值未知，本章将列车制动力特性用函数 $g(x)$ 表示。根据中低速磁浮列车制动特性和运行阻力，建立基于牛顿方程的单质点列车制动模型如下：

$$\begin{cases} v = \dfrac{\mathrm{d}s}{\mathrm{d}t}, a = \dfrac{\mathrm{d}v}{\mathrm{d}t} \\ Ma = g(F_\mathrm{b}, F_\mathrm{w}) + \xi(t) \\ F_\mathrm{w} = F_\mathrm{a} + F_\mathrm{c} + F_\mathrm{m} + F_\mathrm{r} + F_\mathrm{i} \end{cases} \tag{9-4}$$

式中，s、a 为列车位置和加速度；F_b 为列车制动力；F_w 为列车运行阻力；$\xi(t)$ 为未建模动态。

9.1.3　混合制动动态特征自学习方法

中低速磁浮列车制动过程电制动、液压制动及总制动力变化特性如图 9-2 所示。设列车制动系统控制单元发出制动指令时列车制动距离为 s_0，由于电制动力响应存在短暂延时 τ，列车空走一段时间后距离为 s_1。此时，电制动力开始减小，液压制动开始补充；制动距离为 s_2，电制动撤离，液压制动接管整车制动；当制动距离为 s_3 时，液压制动力达到最大值，列车准备停车。

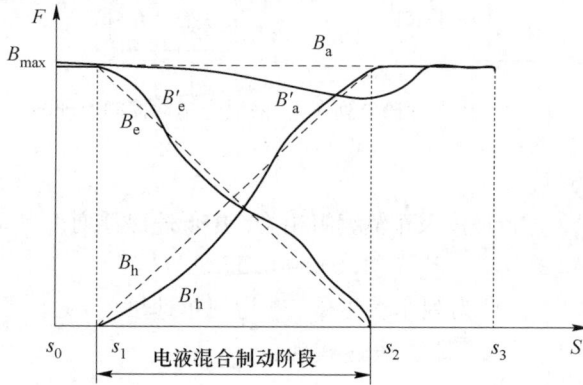

图 9-2　磁浮列车混合制动动态特性

B_e—电制动理论值；B'_e—电制动实际值；B_h—液压制动理论值；B'_h—液压制动实际值；

B_a—总制动理论值；B'_a—总制动实际值

磁浮列车制动特性受到电制动响应延迟、液压制动离散及运行阻力变化等因素影响，列车实际制动力 B' 与理论制动力 B 存在较大差距，影响列车到站的停车精度。同时，电制动和液压制动两者强非线性耦合特点导致磁浮列车电-液混合制动过渡不平稳，容易产生较大纵向冲击，对乘坐舒适性造成影响。

传统的机理模型难以准确描述中低速磁浮列车运行动态，无法保障列车制动效果。LSTM 在处理各种非线性时序问题具有良好的效果，本章采用 LSTM 网络建立磁浮列车数据驱动的制动模型，利用列车历史制动数据进行制动特征自学习，以更准确地描述列车动态特性和预测列车运行状态。基于 LSTM 的磁浮列车动态模型描述如下：

$$
\begin{cases}
x_{t+1} = g_{\text{LSTM}}(X(t), U(t), w) + \xi(t) \\
X(t) = \{x_1, x_2, \cdots, x_T\} \\
U(t) = \{u_0, u_1, \cdots, u_T\}
\end{cases}
\tag{9-5}
$$

式中，g_{LSTM} 为基于磁浮列车动态模型网络；x_{t+1} 为列车下一时刻预测状态，即列车位置和速度，$x_{t+1} = \{s_{t+1}, v_{t+1}\}$；$U(t)$ 为列车前 T 时刻一系列的制动指令 $U(t) = \{u_0, u_1, \cdots, u_T\}$；$X(t)$ 为列车前 T 时刻的运行状态，$X(t) = \{x_1, x_2, \cdots, x_T\}$；$w$ 为网络训练参数，$w = \{w_1, w_2, \cdots, w_n\}$；$\mu \in R^T$；$s, v \in R^+$。

为了减小预测输出值与实际值之间的差距，采用均方根误差（RMSE）方法建立损失函数 $l(\theta)$ 且使其最小化：

$$
\min_{\theta} l(\theta) = \left[\frac{1}{N} \sum_{t=1}^{N_t} (x_t - \hat{x}_t)^2 \right]^{\frac{1}{2}}
\tag{9-6}
$$

式中，x_t、$\hat{x}_t$ 分别为列车 t 时刻的实际状态值和预测值。

本章建立基于 LSTM 网络的磁浮列车动态模型的目的是准确预测列车未来状态，如图 9-3 所示。制动指令 μ 和列车初始状态 $\{s_0, v_0\}$ 作为已知输入，选取磁浮列车历史制动数据中一系列制动指令 $\{u_0, u_1, \cdots, u_T\}$ 对模型进行训练，模型可以输出一系列观测到的状态 $\{s_1, v_1, \cdots, s_T, v_T\}$，最后将预测状态与磁浮列车现场采集的制动数据比较验证模型准确性。

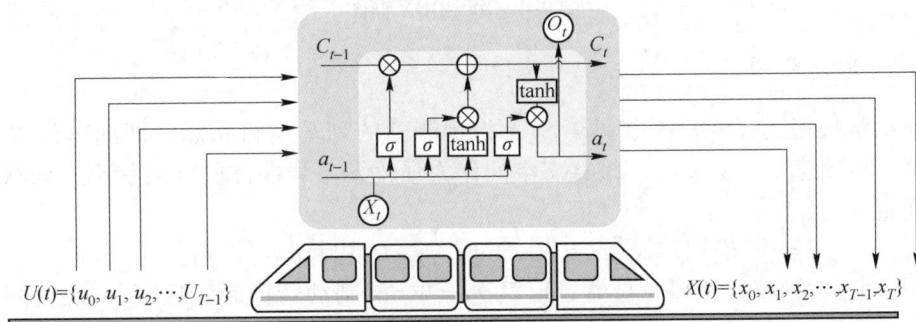

图 9-3 基于 LSTM 的磁浮列车制动模型

9.2 磁浮列车 BFS-DQN 制动控制方法

深度强化学习算法融合了深度学习和强化学习各自优势，具有优秀的状态感知能力和强化的决策能力[227]。本章主要关注提出一种 BFS-DQN 磁浮列车制动控制方法，通过学习磁浮列车制动特性以便准确获取运行状态和计算优化目标，提高端到端的强化学习控制效果。

本章提出的 BFS-DQN 控制方法如图 9-4 所示。首先，通过列车历史运行数据训练 LSTM 网络，学习列车制动特性与动态环境的关系。然后将观测到的列车运行状态作为强化学习算法的输入，列车制动等级作为智能体的动作输出，同时设计舒适性和精准停车奖励函数，通过与环境交互的方式训练列车控制器学习最优控制策略，输出合理的制动力以实现磁浮列车制动优化控制。

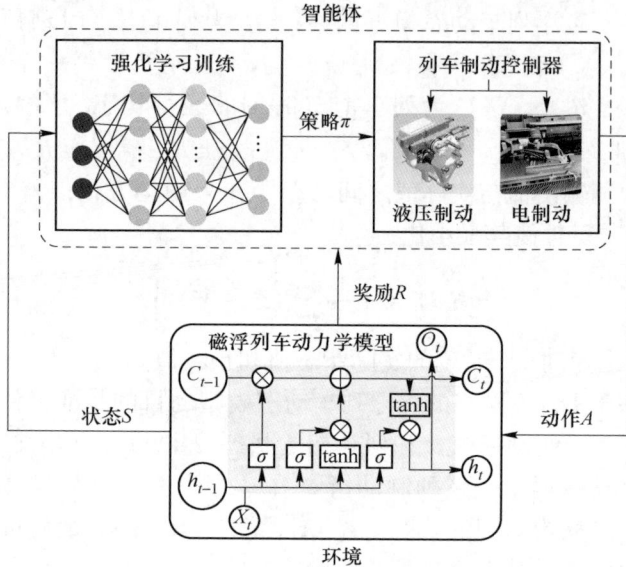

图 9-4　BFS-DQN 框图

9.2.1　状态空间

本章根据式（9-4）~式（9-5），将预测到的列车运行状态，即列车位置 x、速度 v 和减速度 a 组成的三维状态空间作为强化学习智能体的观测状态，该状态空间定义为：

$$S = \{ s = [x, v, a]^T, x \in [0, S_{end}], v \in [0, V_0], a \in [-A_{max}, 0] \} \quad (9-7)$$

式中，S_{end} 为列车目标停车位置；V_0 为列车电-液制动转换起始速度；A_{max} 为列车最大减速度。

9.2.2　动作空间

磁浮列车制动过程中，ATO 或司机根据运行状况操纵制动等级来调节列车制动力的大小，同样，本章选择列车制动等级作为智能体的动作，动作空间定义为：

$$A = [u_i] \qquad u_i \in [0, 100\%] \quad (9-8)$$

式中，u_i 为磁浮列车电-液混合制动等级；0 表示惰行；100% 表示施加最大制动力。

9.2.3　奖励机制

BFS-DQN 中，智能体通过每个时间步采取最佳行动来获得更多的奖励回报，可靠的奖励机制对于引导智能体学习最佳行动策略具有重要作用。因此，本章根据磁浮列车制动优化控制目标，设计关于舒适性和精准停车的奖励函数，最后通过加权求和的方式得到总奖励，该奖励函数定义为：

$$
\begin{cases}
r_{\text{total}} = \lambda_1 r_{\text{comfort}} + \lambda_2 r_{\text{stop}} + r_{\text{fail}} \\
\sum_{i=1}^{N=3} \lambda_i = 1 \qquad \lambda_i \in (0,1] \\
r_{\text{comfort}} = 1 - a_{\text{error}}^2 \qquad \text{if } a_{\text{error}} \leqslant 1.0 \text{ m/s}^3 \\
r_{\text{stop}} = 1 - s_{\text{error}}^2 \qquad \text{if } s_{\text{error}} \leqslant 0.3 \text{ m} \\
r_{\text{fail}} \qquad \text{if } a_{\text{error}} > 1.0 \text{ m/s}^3 \text{ 或 } s_{\text{error}} > 0.3 \text{ m}
\end{cases}
\tag{9-9}
$$

式中，r_{total} 为列车前后状态转移产生的即时总奖励；r_{comfort} 为乘客舒适性奖励函数；a_{error} 为单位时间内减速度的变化激烈程度，用于描述乘客乘车体验[228]；r_{stop} 为列车精准停车的奖励函数；s_{error} 为列车实际制动距离与目标制动距离的差值，用于描述停车精准性。为了节省时间成本，设置了惩罚函数 r_{fail} 对停车失败和减速度剧烈变化的情况给予训练失败惩罚。

9.2.4 学习策略

本章定义列车控制器作为 BFS-DQN 中的智能体，采用价值迭代方式学习最优的制动策略。首先定义一个价值函数 $Q^\pi(s, a)$ 用于描述智能体从开始到结束时的预期未来总奖励，列车制动控制器采用随机策略 π 进行动作学习时，从当前时间步 $t(t=0, 1, 2, \cdots)$ 观察环境状态 $s_t(s_t \in S)$，其中 S 为所有可能的环境状态集合，控制器再从制动级位的集合 A 中选择一个动作 a_t。然后，环境根据列车当前状态信息和制动级位给予一定奖励 r_t 且列车转移到新的状态 s_{t+1}。列车控制器通过评估每个状态的价值，并采取最大价值更新 $Q^\pi(s, a)$，更新方式如下：

$$
Q^\pi(s,a) = R(s,a) + \gamma \max Q^\pi(s',a')
\tag{9-10}
$$

为了得到最大的奖励回报，假设状态转移概率已知，根据贝尔曼最优方程和最优性原理求得最优动作策略 $\pi^*(s \mid a)$，智能体经过多次价值迭代后其价值函数 $Q^\pi(s, a)$ 收敛于最优价值函数 $Q_\pi^*(s, a)$，则最大状态值为最优动作值，策略更新如下[229]：

$$
V_\pi^*(s) = Q_\pi^*(s,a) = \max_a \left[R(s,a) + \gamma \sum_{s \in S} p(s' \mid s,a) V^*(s') \right]
\tag{9-11}
$$

9.2.5 学习过程

9.2.5.1 数据生成

列车制动控制器通过观测当前时刻运行状态 s_t，主 Q 网络对当前状态根据动作选择策略输出对应列车制动等级的动作 μ_t，列车状态预测模型根据动作和当前状态生成新的状态 s_{t+1}；环境根据列车制动过程优化目标设计的奖励函数，计算状态 s_t 转移到新状态 s_{t+1} 的奖励 r_t。

9.2.5.2　经验回放

将 t 时刻状态、动作和奖励数据（s_t，a_t，r_t，s_{t+1}）存入经验池中，作为列车制动控制器的学习数据。训练时，随机从经验池中抽取一定数量的样本作为训练数据，将状态 s_i 输入到主 Q 网络得到对应动作的 $Q(s_i, a_i; \theta)$，输入到目标 Q 网络中得到目标值 $\max\limits_a Q'(s', a'; \theta')$。

9.2.5.3　网络更新

BFS-DQN 中 Q 网络通过式（9-12）更新参数权重。

$$
\begin{cases}
L(\theta) = E\left[\,(r + \gamma \max\limits_a \tilde{Q}(s', a'; \theta') - Q(s, a; \theta))^2\,\right] \\
\theta = \theta + \alpha \cdot loss(\theta)\overset{a}{\nabla}Q(s, a; \theta)
\end{cases}
\tag{9-12}
$$

式中，θ 为神经网络权重系数；γ 为目标值的折扣系数；α 为网络学习率。

间隔一定训练次数复制主 Q 网络的权重参数到目标 Q 网络。上述过程经过一定次数的循环训练，主 Q 网络收敛于目标 Q 网络，列车制动控制器学习到最优制动策略。BFS-DQN 训练示意图如图 9-5 所示。

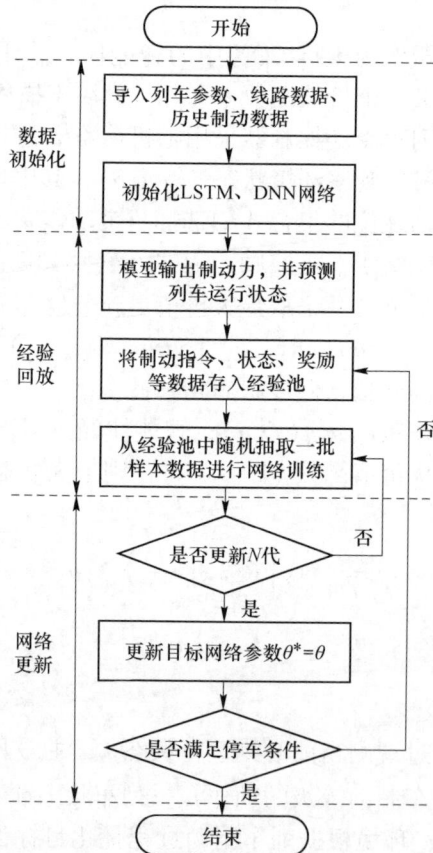

图 9-5　强化学习制动优化控制算法流程图

9.3 实验结果与分析

9.3.1 实验设置

为验证本章所提 BFS-DQN 方法有效性，以磁浮列车现场运行数据为例进行仿真验证。

9.3.2 收敛性对比

本章采用传统 DQN 控制方法与 BFS-DQN 分别进行仿真，主要训练参数详见表 9-1。

表 9-1 算法主要训练参数

参　　数	BFS-DQN	DQN
LSTM 迭代次数 e	500	—
LSTM 学习率 η	0.001	—
LSTM 样本批量 n	50	—
单次训练最大步数 M	80	80
训练最大次数 E	20000	20000
Q 网络学习率 α	0.001	0.001
Q 网络更新频率 F	100	100
样本大小 N	32	32
经验池容量 D	2000	2000
折扣因子 γ	0.96	0.96
贪婪率初始值 ε	0.9	0.9
贪婪率最终值 ε	0.1	0.1

同时，本章采用动态 ε-greedy 优化算法来使智能体能够合理利用探索策略。训练初期采用较大探索率，随着训练次数增加，探索率减小，智能体偏向选择奖励值最大的动作。对列车控制器进行 20000 次训练，每 250 轮计算平均奖励值，通过观察奖励函数变化情况来判断算法是否收敛。BFS-DQN 和 DQN 训练过程奖励变化情况如图 9-6 所示。

从图 9-6 可以看出，训练初 BFS-DQN 和 DQN 的奖励值都呈现出明显上升趋

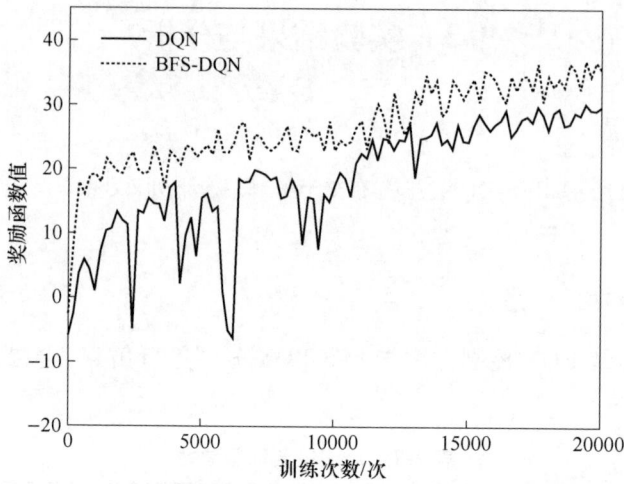

图 9-6   奖励函数变化曲线

势，说明智能体能够迅速找到合适的动作策略。训练次数达到 12000 次以上，两种优化算法平均奖励值缓慢上升并趋于稳定。此外，BFS-DQN 方法平均奖励高于传统 DQN 方法，表明制动特征自学习有助于强化学习智能体获取准确的状态信息和奖励，提高网络学习能力。

9.3.3   舒适性和停车精度

图 9-7 和图 9-8 为训练过程中平均加速度变化和平均停车误差变化情况。统计最后 5000 次训练结果，加速度变化和停车误差情况见表 9-2。

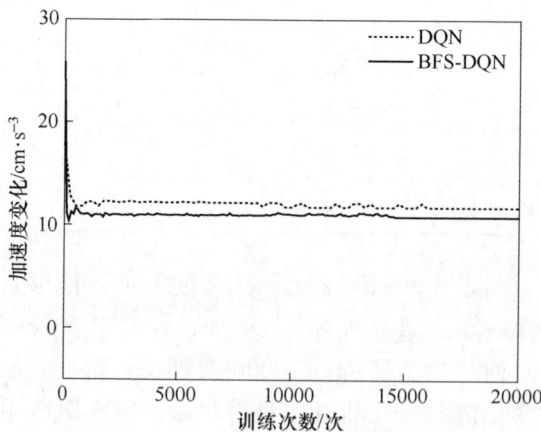

图 9-7   加速度收敛情况

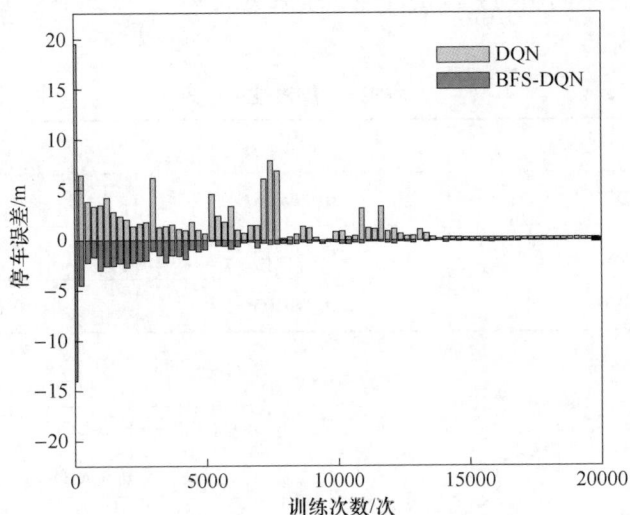

图 9-8 停车误差收敛情况

（DQN 和 BFS-DQN 分别取停车误差的绝对值和绝对值负值）

表 9-2 算法训练结果

训 练 结 果	BFS-DQN	DQN
平均奖励值	33.5	27.8
平均状态转移次数	70	72
平均停车误差/m	0.10	0.15
平均加速度变化/cm·s⁻³	10.84	11.78
平均制动时间/s	14.0	14.4

从图 9-7 和图 9-8 可以看出，初期加速度变化和停车误差都很大，但加速度变化很快收敛，由于停车奖励需要列车到站才能获得，智能体经过更多次的训练才寻得最优的停车策略。由表 9-2 可得，BFS-DQN 在舒适性和停车精度方面比传统 DQN 提高 8.67% 和 33.33%。训练结果表明基于 BFS-DQN 磁浮列车制动优化控制方法取得了良好的控制效果，且比传统 DQN 方法在舒适性和停车精度方面更具有优越性。

9.3.4 实际运行数据验证实验

为验证 BFS-DQN 算法可行性，将训练好的列车控制器进行仿真测试，并记录 50 次测试的停车误差数据。同时，本章分别采用均方根误差（RMSE）和标准差（SD）来评价不同制动算法的性能，结果见表9-3。取其中一次数据的制动曲线如图9-9所示。

表 9-3　算法性能

制动控制策略	RMSE	SD
BFS-DQN	0.099048	0.070652
DQN	0.142815	0.110446
传统 ATO	0.276103	0.140018

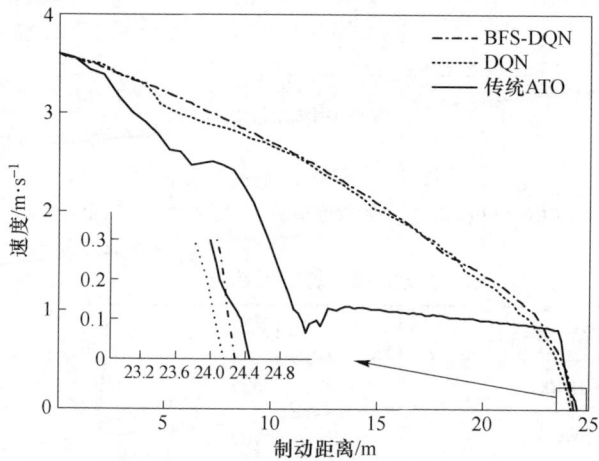

图 9-9　制动曲线对比图

由表9-3可见，三种制动控制算法中，BFS-DQN制动控制算法的表现最好，停车误差小，且离散程度度低，稳定性高。由图9-9可知，采用传统ATO制动策略生成的制动曲线波动较大，而BFS-DQN和DQN制动策略生成的制动曲线较为平滑。停车精度方面，BFS-DQN、DQN和传统ATO制动策略下的制动距离分别为24.26 m、24.19 m、24.45 m，停车误差分别为0.04 m、0.11 m、0.15 m，表明BFS-DQN和DQN方法都能够有效提高磁浮列车到站停车精度，且BFS-DQN方法更具优越性。图9-10分别为三种制动策略下减速度变化情况。

由图9-10分析可知，由于传统ATO制动策略采用电-液混合制动—惰行—液压制动的方式进行制动停车，当磁浮列车制动距离为6.25 m、11.3 m及23.75 m时，由于电制动响应延迟和液压制动离散等特点，制动等级突变引起减速度剧烈变化，减速度最大改变量达到 1.02 m/s^3，较大的纵向冲击对乘客的安全性和舒适性造成影响。而BFS-DQN方法在减速度控制方面更加合理，在列车停车的最

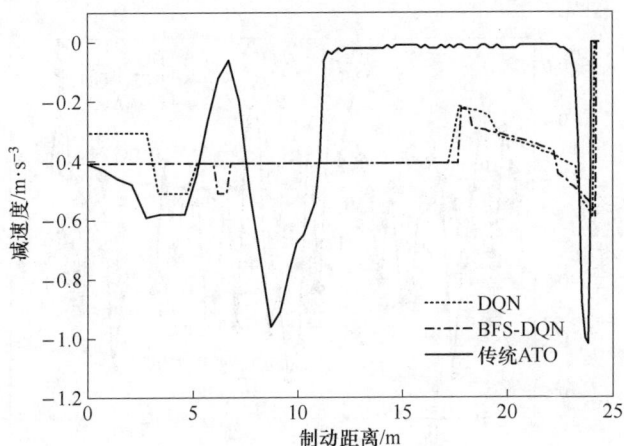

图 9-10 制动等级和加速度变化情况

后一刻的减速度最大改变量为 0.6 m/s^3，有效减少制动过程中产生的纵向冲击，舒适性上提高 41.18%。

9.3.5 现场数据实验验证

为进一步检验控制器性能和稳定性，将目标制动距离设为 24.60 m、24.90 m、25.10 m，依次进行精准停车测试，50 次测试结果见表 9-4 和图 9-11。

表 9-4 停车误差分布情况

停车误差/m	BFS-DQN	DQN	传统 ATO
$x < -0.5$	0	0	6%
$-0.5 \leqslant x \leqslant -0.3$	0	4%	6%
$-0.3 < x \leqslant 0$	36%	38%	32%
$0 < x \leqslant 0.3$	64%	58%	40%
$0.3 < x \leqslant 0.5$	0	0	12%
$0.5 < x$	0	0	4%

图 9-11 可以看出，BFS-DQN 和 DQN 方法的停车误差分别在 ± 20 cm 与 ± 24 cm 之间波动，表明 BFS-DQN 在不同目标制动距离干扰下稳定性要高于 DQN。由表 9-4 数据统计得，当前传统 ATO 制动策略下列车满足 ± 30 cm 精准停车要求 39 次，占比 78.0%；DQN 方法的停车精度满足 ± 30 cm 内 48 次，占比 96.0%；本

章提出的 BFS-DQN 算法满足停车精度 ± 30 cm 内 50 次，占比 100%。

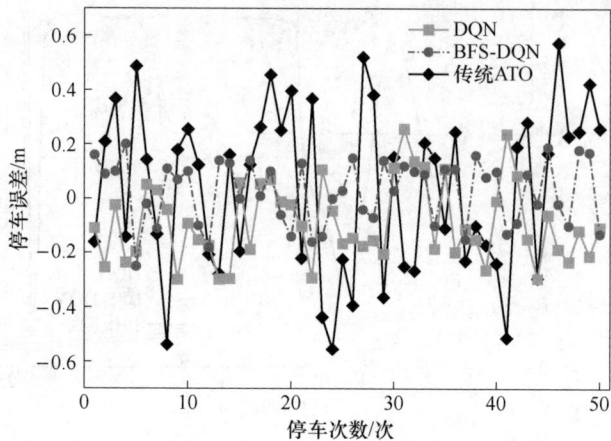

图 9-11　停车误差对比

参 考 文 献

［1］ High Speed Lines in the World（Summary）［EB/OL］. UIC-International Union of Railways, https://uic. org/IMG/pdf/20191001_high_speed_lines_in_the_world. pdf,2018-9-01.

［2］ NING B, TANG T, DONG H R, et al. An introduction to parallel control and management for high-speed railway systems ［J］. IEEE Transactions on Intelligent Transportation Systems, 2011, 12 （4）: 1472-1483.

［3］ 唐涛. 列车运行控制系统 ［M］. 北京: 中国铁道出版社, 2012.

［4］ 宁滨. 轨道交通系统中的列车运行追踪模型及交通流特性研究 ［D］. 北京: 北京交通大学, 2005.

［5］ SCHMIDT E C. Freight train resistance: Its relation to average car weight ［R］. University of Illionis Engineering Experiment Station Bulletin, 1910: 42-46.

［6］ DAVIS W J. Tractive resistance of electric locomotives and cars ［J］. General Electric Review, 1926, 19 （10）: 684-708.

［7］ HAY W W. Railroad Engineering ［M］. 2nd. New Yrok: John Wiley and Sons, 1982.

［8］ GOLOVITCHER E I, SHMDRIK M, AKULOV M, et al. Using computers for speed profile calculations and regime cards developing ［J］. Electric and Diesel Fleet, 1991, 6 （414）: 1516-1528.

［9］ HOWLETT P G, CHENG J X. Optimal driving strategies for a train with continuously varying gradient ［J］. The ANZIAM Journal, 1997, 38 （3）: 387-410.

［10］ CHENG J X, HOWLETT P G. Application of critical velocities to the minimization of fuel consumption in the control of trains ［J］. Automatica, 1992, 28 （1）: 164-169.

［11］ KHMELNITSKY E. On an optimal control problem of train operation ［J］. IEEE Transactions on Automatic Control, 2000, 45 （7）: 1256-1266.

［12］ GOODALL R M, KORTUM W. Mechatronic developments for railway vehicles of the future ［J］. Control Engineering Practice, 2002, 10 （8）: 886-898.

［13］ 程海涛, 钱立新. 长大货物列车制动时纵向动力学模型及求解方法初探 ［J］. 铁道车辆, 1998, 36 （11）: 9-12.

［14］ 王英学, 高波, 赵文成, 等. 高速列车进出隧道空气动力学特征模型实验分析 ［J］. 流体力学实验与测量, 2004, 18 （3）: 72-78.

［15］ 杨辉, 张坤鹏, 王昕, 等. 高速列车多模型广义预测控制方法 ［J］. 铁道学报, 2011, 33 （8）: 80-87.

［16］ SONG Q, SONG Y D. Adaptive control and optimal power/brake distribution of high speed train with uncertain nonlinear couplers ［C］. 2010 China Control Conference （CCC'2010）, 2010: 1965-1971.

［17］ YANG C D, SUN Y P. Mixed H_2/H_∞ cruise controller design for high speed train ［J］. International Journal of Control, 2010, 74 （9）: 904-920.

［18］ SONG Q, SONG Y D, TANG T, et al. Computationally inexpensive tracking control of high-speed trains with traction/braking saturation ［J］. IEEE Transactions on Intelligent

Transportation Systems, 2011, 12 (4): 1115-1125.

[19] 杨罡, 刘明光, 喻乐. 高速列车运行过程的非线性预测控制 [J]. 铁道学报, 2013, 35 (8): 15-21.

[20] 衰路生, 颜争, 龚锦红, 等. 时变遗忘因子的高速列车自适应子空间预测控制 [J]. 铁道学报, 2013, 35 (8): 53-61.

[21] 衰路生, 李兵, 龚锦红, 等. 高速列车非线性模型的极大似然辨识 [J]. 自动化学报, 2014, 40 (12): 2950-2958.

[22] 刘建强, 魏远乐, 胡辉. 高速列车节能运行优化控制方法研究 [J]. 铁道学报, 2014, 36 (10): 6-12.

[23] 李中奇, 杨振村, 杨辉, 等. 高速列车双自适应广义预测控制方法 [J]. 中国铁道科学, 2015, 36 (6): 120-127.

[24] YANG H, FU Y T, ZHANG K P, et al. Speed tracking control using an ANFIS model for high-speed electric multiple unit [J]. Control Engineering Practice, 2014, 23: 56-65.

[25] 杨辉, 张芳, 张坤鹏, 等. 基于分布式模型的动车组预测控制方法 [J]. 自动化学报, 2014, 40 (9): 1912-1921.

[26] 杨辉, 张芳, 刘鸿恩, 等. 基于自适应 LSSVM 模型的动车组运行速度控制 [J]. 铁道学报, 2015, 37 (9): 62-68.

[27] YANG H, ZHANG K P, LIU H E. Online regulation of high speed train trajectory control based on TS fuzzy bilinear model [J]. IEEE Transactions on Intelligent Transportation Systems, 2016, 17 (6): 1495-1508.

[28] LI Z Q, YANG H, ZHANG K P, et al. Distributed model predictive control based on multi-agent model for electric multiple unit [J]. Acta Automatica Sinica, 2014, 40 (11): 2624-2631.

[29] KE B R, LIN C L, LAI C W. Optimization of train-speed trajectory and control for mass rapid transit systems [J]. Control Engineering Practice, 2011, 19 (7): 674-687.

[30] SONG Q, SONG Y D. Data-Based fault-tolerant control of high-speed trains with traction/braking notch nonlinearities and actuator failures [J]. IEEE Trans. Neural Netw., 2011, 22 (12): 2250-2261.

[31] YANG H, FU Y T, WANG D H. Multi-ANFIS model based synchronous tracking control of high-speed electric multiple unit [J]. IEEE Transactions on Fuzzy Systems, 2018, 26 (3): 1472-1484.

[32] FUNAHASHI K I. On the approximate realization of continuous mappings by neural networks [J]. Neural Networks, 1989, 2 (3): 182-192.

[33] IGELNIK B, PAO Y H. Stochastic choice of basic functions in adaptive function approximation and the functional-link net [J]. IEEE Transactions on Neural Networks, 1995, 6 (6): 1320-1329.

[34] TINO P, BENUSKOVA L, SPERDUTI A. Artificial Neural Network Models [M]. Springer Handbook of Computational Intelligence. Berlin, Heidelberg: Springer, 2015: 454-471.

[35] SCARDAPANE S. Distributed Supervised Learning using Neural Networks [J]. arXiv preprint

arXiv: 1607.06364, 2016.

[36] MEDSKER L, JAIN L C. Recurrent Neural Networks: Design and Applications [M]. CRC Press, 1999.

[37] FUNAHASHI K, NAKAMURA Y. Approximation of dynamical systems by continuous time recurrent neural networks [J]. Neural Networks, 1993, 6 (6): 801-806.

[38] VERSTRAETEN D. Reservoir Computing: computation with dynamical systems [D]. Ghent: Ghent University, 2009.

[39] LUKOŠEVIČIUS M, JAEGER H. Reservoir computing approaches to recurrent neural network training [J]. Computer Science Review, 2009, 3 (3): 126-149.

[40] HAYNES N D, SORIANO M C, ROSIN D P, et al. Reservoir computing with a single time-delay autonomous Boolean node [J]. Physical Review E, 2015, 91 (2): 020801.

[41] GOUDARZI A, MARZEN S, BANDA P, et al. Memory and information processing in recurrent neural networks [EB/OL]. arXiv preprint arXiv: 1604.06929. 2016.

[42] JAEGER H. Reservoir riddles: Suggestions for echo state network research [C]. International Joint Conference on Neural Networks (IEEE/ IJCNN'2005), 2005: 1460-1462.

[43] SCARDAPANE S, WANG D, PANELLA M. A decentralized training algorithm for echo state networks in distributed big data applications [J]. Neural Networks, 2016, 78: 64-74.

[44] JAEGER H. The "Echo State" Approach to Analysing and Training Recurrent Neural Networks-with an Erratum Note [R]. Bonn, Germany: German National Research Center for Information Technology GMD Technical Report, 2001, 148 (34): 1-47.

[45] BUEHNER M, YOUNG P. A tighter bound for the echo state property [J]. IEEE Transactions on Neural Networks, 2006, 17 (3): 820-824.

[46] YILDIZ I B, JAEGER H, KIEBEL S J. Re-visiting the echo state property [J]. Neural Networks, 2012, 35: 1-9.

[47] ZHANG B, MILLER D J, WANG Y. Nonlinear system modeling with random matrices: Echo state networks revisited [J]. IEEE Transactions on Neural Networks and Learning Systems, 2012, 23 (1): 174-182.

[48] OZTURK M C, XU D, PRÍNCIPE J C. Analysis and design of echo state networks [J]. Neural Computation, 2007, 19 (1): 111-138.

[49] STRAUSS T, WUSTLICH W, LABAHN R. Design strategies for weight matrices of echo state networks [J]. Neural Computation, 2012, 24 (12): 3245-3276.

[50] FETTE G, EGGERT J. Short term memory and pattern matching with simple echo state networks [C]. International Conference on Artificial Neural Networks (CANN'2005), 2005: 12-18.

[51] VERSTRAETEN D, SCHRAUWEN B, VAN CAMPENHOUT J. Adapting reservoirs to get Gaussian distributions [C]. 15th European Symposium on Artificial Neural Networks, 2007: 494-500.

[52] LOURENÇO C. Dynamical reservoir properties as network effects [R]. ESANN, 2006, 502-508.

[53] PROKHOROV D V, FELDKARNP L A, TYUKIN I Y. Adaptive behavior with fixed weights in

RNN：an overview ［C］. International Joint Conference on Neural Networks （IJCNN'2002），2002：2017-2022.

［54］ LUKOŠEVICIUS M. Echo state networks with trained feedbacks ［R］. Jacobs University Bremen，2007.

［55］ XUE Y，YANG L，HAYKIN S. Decoupled echo state networks with lateral inhibition ［J］. Neural Networks，2007，20 （3）：364-376.

［56］ JAEGER H. Discovering multiscale dynamical features with hierarchical echo state networks ［R］. Jacobs University Bremen，2007.

［57］ 刘颖，赵珺，王伟，等. 基于数据的改进回声状态网络在高炉煤气发生量预测中的应用 ［J］. 自动化学报，2009，35 （6）：731-738.

［58］ BIANCHI F M，SCARDAPANE S，UNCINI A，et al. Prediction of telephone calls load using Echo State Network with exogenous variables ［J］. Neural Networks，2015，71：203-213.

［59］ XING K，WANG Y，ZHU Q，et al. Modeling and control of McKibben artificial muscle enhanced with echo state networks ［J］. Control Engineering Practice，2012，20：476-488.

［60］ 肖勇，杨劲锋，马千里，等. 基于模块化回声状态网络的实时电力负荷预测 ［J］. 电网技术，2015 （3）：803-809.

［61］ LV Z，ZHAO J，LIU Y，et al. Use of a quantile regression based echo state network ensemble for construction of prediction Intervals of gas flow in a blast furnace ［J］. Control Engineering Practice，2016，46：93-104.

［62］ NING B，DONG H R，GAO S G，et al. Distributed cooperative control of multiple high-speed trains under a moving block system by nonlinear mapping-based feedback ［J］. Science China Information Sciences，2018，61 （12）：120202：2-12.

［63］ 傅世善. 铁路信号基础知识（第三讲 闭塞制式的基本概念）［J］. 铁路通信信号工程技术，2009 （4）：63-66.

［64］ 傅世善. 闭塞与列控概论（第三讲 列控系统的系统构成与分级）［J］. 铁路通信信号工程技术，2005 （1）：42-45.

［65］ 谭平. 城际铁路车载列控系统安全及智能控制关键技术研究 ［D］. 杭州：浙江大学，2014.

［66］ 何永发. 时速 300～350 km 客运专线信号系统及与既有系统兼容方案研究 ［J］. 中国铁路，2009 （11）：6-12.

［67］ 石先明. 高速铁路 CTCS-3 级列控系统无线闭塞中心工程设计 ［J］. 中国铁路，2009 （11）：1-6.

［68］ 杨光，唐祯敏. 几种典型轨道交通运行控制系统的比较研究 ［J］. 铁道学报，2009，31 （1）：82-87.

［69］ 刘虎兴，范明. 中国铁路列控系统现状及发展 ［J］. 铁道通信信号，2003，39 （2）：1-4.

［70］ 程剑锋，田青，赵显琼，等. 下一代列控系统技术方案探讨 ［J］. 中国铁路，2014 （12）：32-35.

［71］ 刘海东，毛保华，何天建，等. 不同闭塞方式下城轨列车追踪运行过程及其仿真系统的研究 ［J］. 铁道学报，2005，27 （2）：120-125.

[72] 荀径，宁滨，郜春海. 列车追踪运行仿真系统的研究与实现 ［J］. 北京交通大学学报，2007，31（2）：33-37.

[73] 周艳红，唐晶晶. 高速列车追踪运行过程仿真方法研究 ［J］. 铁道标准设计，2012（8）：115-120.

[74] 汪希时. 铁路区间行车方法的自动调整 ［D］. 北京：北京铁道学院，1963.

[75] PEARSON L V. Moving block signaling ［D］. England：Loughborough Uninversity，1973.

[76] LOCKYEAR M J. Changing track：Moving block railway signaling ［J］. IEEE Review，1996，42（1）：21-25.

[77] LOCKYEAR M J. The application of a transmission based moving block automatic train control system on Docklands Light Railway ［C］. International Conference on Developments in Mass Transit Systems（IET'1998），1998：51-61.

[78] 付印平. 列车追踪运行与节能优化建模及模拟研究 ［D］. 北京：北京交通大学，2009.

[79] GU Q，LU X Y，TANG T. Energy saving for automatic train control in moving block signaling system ［C］. 14th International IEEE Conference on Intelligent Transportation Systems（ITSC'2011），2011：1304-1310.

[80] TANG T，LI K P. Traffic modelling for moving-block train control system ［J］. Communications in Theoretical Physics，2007，47（4）：601-606.

[81] 荀径. 基于智能体和元胞自动机的列车协同控制研究 ［D］. 北京：北京交通大学，2012.

[82] 潘登，郑应平. 高速列车追踪运行的控制机理研究 ［J］. 铁道学报，2013，35（3）：52-61.

[83] CHEN L，NING B，TANG T. Modeling and simulation of train tracing control system under MABS using CPN ［C］. 7th World Congress on Intelligent Control and Automation（WCICA'2008），2008：8192-8197.

[84] 陈磊，宁滨，张勇，等. 基于有色 Petri 网的 CBTC 系统列车追踪过程建模与仿真 ［J］. 系统仿真学报，2009，21（3）：636-641.

[85] 金娟，杨梅，王长林. 基于移动闭塞原理的地铁列车线路通过能力的研究 ［J］. 铁路计算机应用，2008，17（6）：6-10.

[86] 卢启衡，冯晓云，王青云. 基于遗传算法的列车追踪节能优化 ［J］. 西南交通大学学报，2012，47（2）：264-270.

[87] 罗志刚，侯涛. 列车安全距离优化算法研究与仿真 ［J］. 铁道学报，2014，36（8）：48-54.

[88] 侯涛，罗志刚. 列车安全距离优化算法安全性与追踪运行调整策略研究 ［J］. 铁道学报，2014，36（9）：43-51.

[89] GU Q，TANG T，MA F. Energy-efficient train tracking operation based on multiple optimization models ［J］. IEEE Transactions on Intelligent Transportation Systems，2016，17（3）：882-892.

[90] WANG Y，DE SCHUTTER B，VAN DEN B，et al. Optimal trajectory planning for trains under fixed and moving signaling systems using mixed integer linear programming ［J］. Control

Engineering Practice, 2014, 22: 43-56.

[91] 唐海川. 城市轨道交通多列车运行节能优化控制 [D]. 成都: 西南交通大学, 2015.

[92] 严细辉. 面向节能的高速列车速度自动控制优化方法研究 [D]. 北京: 北京交通大学, 2016.

[93] 高士根. 多列车协同运行的若干控制问题研究 [D]. 北京: 北京交通大学, 2016.

[94] 杨辉, 刘鸿恩, 李中奇. 动车组追踪运行多目标实时优化策略 [J]. 控制工程, 2015, 22 (2): 256-261.

[95] HOWLETT P G, MILROY I P, PUDNEY P J. Energy-efficient train control [J]. Control Engineering Practice, 1994, 2 (2): 192-200.

[96] HOWLETT P G. Optimal strategies for the control of a train [J]. Automatica, 1996, 32 (4): 518-532.

[97] HOWLETT P G, PUDNEY P J, VU X. Local energy minimization in optimal train control [J]. Automatica, 2009, 45 (11): 2692-2698.

[98] ALBRECHT A, HOWLETT P, PUDNEY P, et al. The key principles of optimal train control-Part 1: Formulation of the model, strategies of optimal type, evolutionary lines, location of optimal switching points [J]. Transportation Research Part B: Methodological, 2016, 94: 482-508.

[99] ALBRECHT A, HOWLETT P, PUDNEY P, et al. The key principles of optimal train control-Part 2: Existence of an optimal strategy, the local energy minimization principle, uniqueness, computational techniques [J]. Transportation Research Part B: Methodological, 2016, 94: 508-538.

[100] LIU R R, GOLOVITCHER I M. Energy-efficient operation of rail vehicles [J]. Transportation Research Part A: Policy and Practice, 2003, 37 (10): 916-932.

[101] 王自力. 列车节能运行优化操纵的研究 [J]. 西南交通大学学报, 1994 (3): 274-280.

[102] 金炜东, 王自力, 李崇维, 等. 列车节能操纵优化方法研究 [J]. 铁道学报, 1997, 19 (6): 57-62.

[103] 何鸿云, 朱金陵. 列车牵引计算及操纵示意图计算机软件的开发 [J]. 西南交通大学学报, 2000 (5): 512-516.

[104] 冯晓云, 何鸿云, 朱金陵. 列车优化操纵原则及其优化操纵策略的数学描述 [J]. 机车电传动, 2001 (4): 12-16.

[105] 石红国, 彭其渊, 郭寒英. 城市轨道交通牵引计算模型 [J]. 交通运输工程学报, 2005 (4): 20-26.

[106] 付印平, 高自友, 李克平. 路网中的列车节能操纵优化方法研究 [J]. 交通运输系统工程与信息, 2009, 9 (4): 90-96.

[107] 柏赞, 毛保华, 周方明, 等. 基于功耗分析的货物列车节能运行控制方法研究 [J]. 交通运输系统工程与信息, 2009, 9 (3): 42-50.

[108] 张星臣, 冯雪松, 毛保华, 等. 我国高铁列车牵引能耗影响因素作用效果的模拟分析 [J]. 交通运输系统工程与信息, 2011, 11 (3): 82-86.

［109］唐海川，朱金陵，王青元，等．一种可在线调整的列车正点运行节能操纵控制算法［J］．中国铁道科学，2013，34（4）：88-94.

［110］荀径，杨欣，宁滨，等．列车节能操纵优化求解方法综述［J］．铁道学报，2014，36（4）：13-20.

［111］王青元，冯晓云，朱金陵，等．考虑再生制动能量利用的高速列车节能最优控制仿真研究［J］．中国铁道科学，2015，36（1）：95-103.

［112］HWANG H S. Control strategy for optimal compromise between trip time and energy consumption in a high-speed railway［J］. IEEE Transactions on Systems Man and Cybernetics Part A：Systems and Humans，1998，28（6）：791-802.

［113］LI L，DONG W，JI Y D，et al. Minimal-energy driving strategy for high-speed electric train with hybrid system model［J］. IEEE Transaction on Intelligent Transportation Systems，2013，14（4）：1642-1653.

［114］余进，何正友，钱清泉．基于微粒群算法的多目标列车运行过程优化［J］．西南交通大学学报，2010，45（1）：70-75.

［115］YANG X，NING B，LI X，et al. A two-objective timetable optimization model in subway systems［J］. IEEE Transactions on Intelligent Transportation Systems，2014，15（5）：1912-1921.

［116］SHANG G W，YAN X H，CAI B G，et al. Multiobjective optimization for train speed trajectory in CTCS high-speed railway with hybrid evolutionary algorithm［J］. IEEE Transactions on Intelligent Transportation Systems，2015，16（4）：2214-2225.

［117］严细辉，蔡伯根，宁滨，等．基于差分进化的高速列车运行操纵的多目标优化研究［J］．铁道学报，2013，35（9）：64-71.

［118］YANG H，LIU H E，FU Y T. Multi-objective operation optimization for electric multiple unit-based on speed restriction mutation［J］. Neurocomputing，2015，169：382-391.

［119］FU Y T，YANG H，WANG D H. Real-time optimal control of tracking running for high-speed electric multiple unit［J］. Information Sciences，2017，376：202-215.

［120］LIU H E，YANG H，CAI B G. Optimization for the following operation of a high-speed train under the moving block system［J］. IEEE Transactions on Intelligent Transportation Systems，2017，19（10）：3405-3413.

［121］WONG K K，HO T K. Dynamic coast control of train movement with genetic algorithm［J］. International Journal of Systems Science，2004，35（12/13/14）：834-846.

［122］GHOSEIRI K，SZIDAROVSZKY F，ASGHARPOUR M J. A multi-objective train scheduling model and solution［J］. Transportation Research Part B：Methodological，2004，38（10）：926-952.

［123］WANG P，GOVERDE R M P. Multi-train trajectory optimization for energy-efficient timetabling［J］. European Journal of Operational Research，2019，272（2）：621-635.

［124］YANG X，LI X，GAO Z，et al. A cooperative scheduling model for timetable optimization in subway systems［J］. IEEE Transactions on Intelligent Transportation Systems，2012，14（1）：437-447.

[125] YANG X, CHEN A, LI X, et al. An energy-efficient scheduling approach to improve the utilization of regenerative energy for metro systems [J]. Transportation Research Part C: Emerging Technologies, 2015, 57: 12-29.

[126] SU S, TANG T, LI X, et al. Optimization of multitrain operations in a subway systems [J]. IEEE Transactions on Intelligent Transportation Systems, 2013, 15 (2): 672-684.

[127] 陈志杰, 毛保华, 柏赟, 等. 城市轨道交通追踪列车定时节能操纵优化 [J]. 铁道学报, 2017, 39 (8): 9-17.

[128] 步兵, 丁奕, 李辰岭, 等. 列车控制与行车调度一体化节能方法的研究 [J]. 铁道学报, 2013, 35 (12): 63-71.

[129] 苏锐丹. 高速列车节能运行优化关键技术及算法研究 [D]. 沈阳: 东北大学, 2014.

[130] 刘鸿恩. 基于任意闭塞系统的高速列车追踪运行优化控制 [D]. 南昌: 华东交通大学, 2015.

[131] 陈振东. 移动闭塞条件下的列车间隔 LQG 控制研究 [D]. 上海: 同济大学, 2009.

[132] 康珉. 移动闭塞条件下高速列车追踪运行控制算法研究 [D]. 长沙: 中南大学, 2013.

[133] ZHAO Y, IOANNOU P. Positive train control with dynamic headway based on an active communication system [J]. IEEE Transactions on Intelligent Transportation Systems, 2015, 16 (6): 3094-3103.

[134] DONG H R, GAO S G, NING B. Cooperative control synthesis and stability analysis of multiple trains under moving signaling systems [J]. IEEE Transactions on Intelligent Transportation Systems, 2016, 17 (10): 2730-2738.

[135] WANG P, GOVERDE R M. Two-train trajectory optimization with a green-wave policy [J]. Transpor-tation Research Record, 2016, 2546 (1): 112-120.

[136] WANG P, GOVERDE R M. Multi-train trajectory optimization for energy efficiency and delay recovery on single-track railway lines [J]. Transportation Research Part B: Methodological, 2017, 105: 340-361.

[137] GAO S G, DONG H R, NING B, et al. Cooperative prescribed performance tracking control for multiple high-speed trains in moving block signaling system [J]. IEEE Transactions on Intelligent Transportation Systems, 2019, 20 (7): 2740-2749.

[138] MAYNE D Q, RAWLINGS J B, RAO C V, et al. Constrained model predictive control: Stability and optimality [J]. Automatica, 2000, 36 (6): 788-814.

[139] LEE J H. Model predictive control: Review of the three decades of development [J]. International Journal of Control, Automation and Systems, 2011, 9 (3): 414-424.

[140] 席裕庚, 李德伟, 林姝. 模型预测控制——现状与挑战 [J]. 自动化学报, 2013, 39 (3): 222-236.

[141] CAMPONOGARA E, JIA D, KROGH B H, et al. Distributed model predictive control [J]. IEEE Control Systems Magazine, 2002, 22 (1): 43-52.

[142] MOROSAN P D, BOURDAIS R, DUMUR D, et al. Building temperature regulation using a distributed model predictive control [J]. Energy and Buildings, 2010, 42 (9): 1444-1452.

［143］ MERCANGZ M，DOYLE F J. Distributed model predictive control of an experimental four-tank system ［J］. Journal of Process Control，2007，17（3）：296-308.

［144］ DE OLIVEIRA L B，CAMPONOGARA E. Multi-agent model predictive control of signaling split in urban traffic networks ［J］. Transportation Research Part C：Emerging Technologies，2010，18（1）：120-139.

［145］ 郑毅，李少远. 网络信息模式下分布式系统协调预测控制 ［J］. 自动化学报，2013，39（11）：1777-1786.

［146］ BEMPORAD A，MORARI M，DUA V，et al. The explicit linear quadratic regulator for constrained systems ［J］. Automatica，2002，38（1）：2-20.

［147］ BEMPORAD A，BORRELLI F，MORARI M. Model predictive control based on linear programming—the explicit solution ［J］. IEEE Transactions on Automatic Control，2002，47（12）：1973-1985.

［148］ CAGIENARD R，GRIEDER P，KERRIGAN E C，et al. Move blocking strategies in receding horizon control ［J］. Journal of Process Control，2007，17（6）：562-570.

［149］ KOTHARE M V，BALAKRISHNAN V，MORARI M. Robust constrained model predictive control using linear matrix inequalities ［J］. Automatica，1996，32（10）：1361-1379.

［150］ SCOKAERT P O，MAYNE D Q. Min-max feedback model predictive control for constrained linear systems ［J］. IEEE Transactions on Automatic Control，1998，43（8）：1135-1142.

［151］ RICHARDS A. Robust model predictive control for time-varying systems ［C］. 44th IEEE Conference on Decision and Control，2005：3746-3752.

［152］ FUKUSHIMA H，BITMEAD R R. Robust constrained predictive control using comparison model ［J］. Automatica，2005，41（1）：96-106.

［153］ ALLGOWER F，FINDEISEN R，NAGY Z K. Nonlinear model predictive control：From theory to application ［J］. Journal-Chinese Institute of Chemical Engineers，2004，35（3）：298-316.

［154］ MAGNI L，RAIMONDO D M，ALLGÖWER F. Nonlinear Model Predictive Control ［R］. Lecture Notes in Control and Information Sciences，2009：384.

［155］ ANTSAKLIS P J. A brief introduction to the theory and applications of hybrid systems ［C］. Special Issue on Hybrid Systems：Theory and Applications（IEEE），2000：878-887.

［156］ TORRISI F D，BEMPORAD A. HYSDEL-a tool for generating computational hybrid models for analysis and synthesis problems ［J］. IEEE Transactions on Control Systems Technology，2004，12（2）：234-249.

［157］ CAMACHO E F，RAMÍREZ D R，LIMÓN D，et al. Model predictive control techniques for hybrid systems ［J］. Annual Reviews in Control，2010，34（1）：21-31.

［158］ 王龙生，徐洪泽，张梦楠，等. 基于混合系统模型预测控制的列车自动驾驶策略 ［J］. 铁道学报，2015，37（12）：52-60.

［159］ 汪仁智，李德伟，席裕庚. 采用预测控制的地铁节能优化控制算法 ［J］. 控制理论与应用，2017，34（9）：1128-1135.

［160］ 李中奇，丁俊英，杨辉，等. 基于控制器匹配的高速列车广义预测控制方法 ［J］. 铁道学报，2018，40（9）：82-89.

[161] 李永亮, 姜杨敏. 湖南"智造"助力我国智慧重载铁路建设 [N]. 湖南日报, 2023-06-05 (001).

[162] 何静, 乔多, 贾林. 基于改进非支配排序遗传算法的重载列车长大下坡运行策略 [J]. 湖南工业大学学报, 2023, 37 (3): 42-49.

[163] 杨朔. 重载列车驾驶策略的优化方法研究 [D]. 北京: 北京交通大学, 2022.

[164] 宁侨, 李铁兵, 霍晟, 等. 重载列车自动驾驶纵向动力学仿真技术研究 [J]. 机车电传动, 2020 (1): 58-64.

[165] 朱贺田. 货运列车自动驾驶关键技术研究 [J]. 铁路通信信号工程技术, 2020, 17 (6): 20-23.

[166] 肖家博, 丁荣军, 尚敬. 重载列车关键控制技术研究和展望 [J]. 机车电传动, 2019 (1): 1-8, 29.

[167] 董引娟. 重载列车纵向力分析及操纵方法的探讨 [D]. 成都: 西南交通大学, 2022.

[168] 姜正, 王瑞, 杜海宾, 等. 重载自动驾驶机车长大下坡空电联合制动运用研究 [J]. 交通运输系统工程与信息, 2023, 23 (3): 311-318.

[169] 王蒙, 魏伟, 张渊, 等. 3 万吨列车编组方案车钩力研究 [J]. 机械, 2023, 50 (5): 65-70.

[170] 邓自刚, 刘宗鑫, 李海涛, 等. 磁悬浮列车发展现状与展望 [J]. 西南交通大学学报, 2022, 57 (3): 455-474.

[171] 张瑞华, 严陆光, 徐善纲, 等. 几种典型的高速磁悬浮列车方案比较 [J]. 电工电能新技术, 2004, 23 (2): 46-50.

[172] 翟婉明, 赵春发. 现代轨道交通工程科技前沿与挑战 [J]. 西南交通大学学报, 2016, 51 (2): 209-226.

[173] 杨杰, 高涛, 邓永芳, 等. 永磁磁浮空轨系统的研究与设计 [J]. 铁道学报, 2020, 42 (10): 30-37.

[174] 杨杰, 贾利民, 付云骁, 等. 电力牵引货运列车节能运行研究 (二): 速度跟踪组合控制方法 [J]. 铁道学报, 2016, 38 (6): 23-31.

[175] KERSBERGEN B, VAN DEN BOOM T, DE SCHUTTER B, et al. Distributed model predictive control for railway traffic management [J]. Transportation Research Part C: Emerging Technologies, 2016, 68: 462-489.

[176] LI S K, YANG L X, GAO Z Y. Distributed optimal control for multiple high-speed train movement: An alternating direction method of multipliers [J]. Automatica, 2020, 112: 108646.

[177] 鲁工圆, 王超宇, 沈子力, 等. 面向追踪间隔压缩的高速铁路列车运行时空轨迹优化 [J]. 铁道学报, 2021, 43 (7): 10-18.

[178] 连文博, 刘伯鸿, 李婉婉, 等. 基于自抗扰控制的高速列车自动驾驶速度控制 [J]. 铁道学报, 2020, 42 (1): 76-81.

[179] LIU H G, YANG L J, YANG H. Cooperative optimal control of the following operation of high-speed trains [J]. IEEE Transactions on Intelligent Transportation Systems, 2022, doi: 10.1109/TITS.2022.3163971.

[180] WANG X, ZHU L, WANG H, et al. Robust distributed cruise control of multiple high-speed trains based on disturbance observer [J]. IEEE Transactions on Intelligent Transportation Systems, 2019, 22 (1): 267-279.

[181] 龙志强, 李云, 王旭. 基于自抗扰控制的磁浮列车自动驾驶算法研究 [C] //第27届中国控制会议论文集, 2008: 681-685.

[182] KADOWAKI S, OHISHI K, HATA T, et al. Antislip readhesion control based on speed-sensorless vector control and disturbance observer for electric commuter train-series 205-5000 of the east japan railway company [J]. IEEE Transactions on Industrial Electronics, 2007, 54 (4): 2001-2008.

[183] JI H H, HOU Z S, ZHANG R K. Adaptive iterative learning control for high-speed trains with unknown speed delays and input saturations [J]. IEEE Transactions on Automation Science and Engineering, 2015, 13 (1): 260-273.

[184] JAEGER H, HAAS H. Harnessing nonlinearity: Predicting chaotic systems and saving energy in wireless communication [J]. Science, 2004, 304 (5667): 77-80.

[185] XU M, HAN M, QIU T, et al. Hybrid regularized echo state network for multivariate chaotic time series prediction [J]. IEEE Transactions on Cybernetics, 2018, 49 (6): 2304-2315.

[186] YANG C, QIAO J, WANG L, et al. Dynamical regularized echo state network for time series prediction [J]. Neural Computing and Applications, 2019, 31 (10): 6781-6794.

[187] TRIEFENBACH F, JALALVAND A, DEMUYNCK K, et al. Acoustic modeling with hierarchical reservoirs [J]. IEEE Transactions on Audio, Speech, and Language Processing, 2013, 21 (11): 2438-2450.

[188] YAO X, WANG Z, ZHANG H. Prediction and identification of discrete-time dynamic nonlinear systems based on adaptive echo state network [J]. Neural Networks, 2019, 113: 11-19.

[189] PAN Y, WANG J. Model predictive control of unknown nonlinear dynamical systems based on recurrent neural networks [J]. IEEE Transactions on Industrial Electronics, 2011, 59 (8): 3088-3101.

[190] HAN S I, LEE J M. Fuzzy echo state neural networks and funnel dynamic surface control for prescribed performance of a nonlinear dynamic system [J]. IEEE Transactions on Industrial Electronics, 2013, 61 (2): 1098-1112.

[191] LI M, WANG D H. Insights into randomized algorithms for neural networks: Practical issues and common pitfalls [J]. Information Sciences, 2017, 382: 170-178.

[192] CHEN S, BILLINGS S A. Neural networks for nonlinear dynamic system modelling and identification [J]. International Journal of Control, 1992, 56 (2): 318-346.

[193] GRIGORYEVA L, ORTEGA J P. Echo state networks are universal [J]. Neural Networks, 2018, 108: 494-508.

[194] CLERC M, KENNEDY J. The particle swarm-explosion, stability, and convergence in a multidimen-sional complex space [J]. IEEE Transactions on Evolutionary Computation, 2002, 6 (1): 57-73.

[195] JIANG M, LUO Y P, YANG S Y. Stochastic convergence analysis and parameter selection of the standard particle swarm optimization algorithm［J］. Information Processing Letters, 2007, 102（1）: 7-16.

[196] WANG S Y. Existence of a Pareto equilibrium［J］. Journal of Optimization Theory and Applications, 1993, 79（2）: 372-384.

[197] BUONOMANO D V, MERZENICH M M. Temporal information transformed into a spatial code by a neural network with realistic properties［J］. Science, 1995, 267（5200）: 1027-1030.

[198] FEIL B, ABONYI J, SZEIFERT F. Model order selection of nonlinear input-output models-a clustering based approach［J］. Journal of Process Control, 2004, 14（6）: 592-602.

[199] GATH I, GEVA A B. Unsupervised optimal fuzzy clustering［J］. IEEE Transactions on Pattern Analysis & Machine Intelligence, 1989, （7）: 772-780.

[200] VALÉRIO D, TRUJILLO J J, RIVERO M, et al. Fractional calculus: A survey of useful formulas［J］. The European Physical Journal Special Topics, 2013, 222（8）: 1826-1846.

[201] RAKKIYAPPAN R, CAO J, VELMURUGAN G. Existence and uniform stability analysis of fractional-order complex-valued neural networks with time delays［J］. IEEE Transactions on Neural Networks and Learning Systems, 2014, 26（1）: 83-97.

[202] 王鼎, 苗晓雨, 姜成. 大秦线2万吨重载列车货车车钩力跟踪试验研究［J］. 铁道车辆, 2023, 61（1）: 102-105.

[203] 王青元, 赵紫宁, 刘强强, 等. 两万吨重载列车空气制动过程建模［J］. 机车电传动, 2022（4）: 70-76.

[204] 杨辉, 原俊荣, 付雅婷, 等. 重载列车QKX100与MT-2缓冲器动态特性［J］. 北京工业大学学报, 2020, 46（9）: 1018-1026.

[205] 付雅婷, 原俊荣, 李中奇, 等. 基于钩缓约束的重载列车驾驶过程优化［J］. 自动化学报, 2019, 45（12）: 2355-2365.

[206] 姜森浩, 孙鹏飞, 金波, 等. 数据驱动的重载列车多目标速度曲线规划算法研究［J］. 现代计算机, 2022, 28（15）: 1-8, 23.

[207] 钱铭, 张启平, 黄成荣, 等. 重载组合列车纵向动力学及安全性问题研究［J］. 中国铁路, 2023（3）: 1-9.

[208] 杨辉, 徐可萱, 付雅婷. 基于改进遗传算法的重载列车多目标优化控制研究［C］//中国自动化学会过程控制专业委员会, 中国自动化学会. 第32届中国过程控制会议（CPCC2021）论文集, 2021: 1.

[209] 徐倩. 基于MOEA/D算法的重载列车多目标运行曲线优化［D］. 南昌: 华东交通大学, 2023.

[210] 黄江平, 钟晓静. 多目标粒子群算法在地铁速度曲线优化中的应用［J］. 铁道标准设计, 2022, 66（9）: 85-90.

[211] 赵秦怡, 赵榆琴. 基于二叉树及不定长子树的集合子集求解回溯算法［J］. 大理大学学报, 2023, 8（6）: 33-37.

[212] LIU W, SU S, TANG T, et al. Study on longitudinal dynamics of heavy haul trains running on

long and steep downhills [J]. Vehicle System Dynamics, 2022, 60 (12): 4079-4097.

[213] ZHUAN X, XIA X. Optimal scheduling and control of heavy haul trains equipped with electronically controlled pneumatic braking system [J]. IEEE Transactions on Control Systems Technology, 2007, 15 (6): 1159-1166.

[214] WU Q, COLE C, SPIRYAGIN M, et al. Freight train air brake models [J]. International Journal of Rail Transportation, 2023, 11 (1): 1-49.

[215] 杜凯冰, 张征方, 文宇良. 重载货运列车自动驾驶控制技术研究 [J]. 控制与信息技术, 2020 (2): 31-35.

[216] YU H, TAI G, LIN Z, et al. Research on Control Strategy of Heavy-Haul Train on Long and Steep Downgrades [C]. Actuators. MDPI, 2022, 11 (6): 145.

[217] WEI W, ZHANG J, ZHAO X, et al. Heavy haul train impulse and reduction in train force method [J]. Australian Journal of Mechanical Engineering, 2018, 16 (2): 118-125.

[218] CHEN S, DONG X, XIONG Y, et al. Nonstationary signal denoising using an envelope-tracking filter [J]. IEEE/ASME Transactions on Mechatronics, 2017, 23 (4): 2004-2015.

[219] 杨宏阔, 侯涛, 陈昱. 基于预测模糊 PID 控制算法的高速列车优化控制研究 [J]. 铁道运输与经济, 2022, 44 (8): 130-136.

[220] 周锐霖, 雷成健, 刘泽, 等. 基于模糊自适应 PID 算法的列车自动驾驶系统研究 [J]. 控制与信息技术, 2023 (3): 34-38.

[221] ZHOU H, SHENG W, LIU H. A modeling method for the driving process of heavy-haul train based on multi-mass model [J]. IEEE Access, 2020, 8: 185548-185556.

[222] 马志强, 王竣渝, 魏咪, 等. 重载列车平稳运行的空电联合制动匹配控制 [J]. 机车电传动, 2023 (4): 71-76.

[223] 杨敏, 王开云, 史智勇, 等. 应用空电联合制动的重载列车缓解性能 [J]. 重庆理工大学学报 (自然科学), 2017, 31 (10): 84-89.

[224] HUANG G M, YUAN X F, SHI K, et al. A BP-PID controller-based multi-model control system for lateral stability of distributed drive electric vehicle [J]. Journal of the Franklin Institute, 2019, 356 (13): 7290-7311.

[225] CHEN Y, HUANG D Q, LI Y N, et al. A novel iterative learning approach for tracking control of high-speed trains subject to unknown time-varying delay [J]. IEEE Transactions on Automation Science and Engineering, 2020, 19 (1): 113-121.

[226] 齐晓慧, 李杰, 韩帅涛. 基于 BP 神经网络的自适应自抗扰控制及仿真 [J]. 兵工学报, 2013, 34 (6): 776-782.

[227] WANG H N, LIU N, ZHANG Y Y, et al. Deep reinforcement learning: A survey [J]. Frontiers of Information Technology & Electronic Engineering, 2020, 21 (12): 1726-1744.

[228] DING T C, LIN J H, CHEN X Q. Comfort evaluation and analysis of high-speed train [C] // Journal of Physics: Conference Series. IOP Publishing, 2021, 1986 (1): 012089.

[229] 万里鹏, 兰旭光, 张翰博, 等. 深度强化学习理论及其应用综述 [J]. 模式识别与人工智能, 2019, 32 (1): 67-81.